MEN FÖR OSS ÄR DET VIKTIGT!

*Några berättelser om hur det kan vara
att leva och bo i samhället
som person med intellektuellt funktionshinder.*

Berith Nyqvist Cech

med

Laila Andersson, Sara Bryntesson,
Per Holmberg och Karin Jonsson

Omslagsfoto: Privat foto av alla skribenterna
Förlag: BoD – Books on Demand, Stockholm, Sverige
Tryck: BoD – Books on Demand, Norderstedt, Tyskland
ISBN: 978-91-79696-38-2

INNEHÅLLSFÖRTECKNING

TACK!

Det är många som bidragit till det här arbetets genomförande. Till er vill jag framföra ett stort TACK!

Tack till riksdagsledamöter och lokala politiker från Värmland, tjänstemän, FUB-representanter, kollegor vid Karlstads, Stockholms och Göteborgs universitet, sociala omsorgsverksamheterna och särskolesamheter i Värmland och i Söderhamn, Olika avtryck-projektet, professorerna Bengt Starrin, Gunilla Härnsten, Lars Holmstrand, Anders Möller samt andra som på olika sätt bidragit till vårt arbete.

Jag vill även tydliggöra hur viktiga ni anhöriga och personliga assistenter samt övrig personal inom särskole- och omsorgsverksamheterna har varit genom hela denna arbetsprocess. Ni har ställt upp så att vi praktiskt och ekonomiskt skulle kunna resa till Hamar, Berlin eller till Stockholm, Söderhamn, Arvika och så vidare, eller som en positiv publik vid våra konferenser! Tack också till medlemmarna i *Den Ideella Föreningen ALOBIS*!

Avslutningsvis ett särskilt stort tack till teologie doktor Margareta Brandby-Cöster och professor emeritus Henry Cöster för bearbetning av min text!

Karlstad i juli 2020

Berith Nyqvist Cech,
med Laila Andersson, Sara Bryntesson, Per Holmberg
och Karin Jonsson

FÖRORD

av professor Bengt G Eriksson

Brukarmedverkan, brukarinflytande, brukarmakt – sentida begrepp som alla markerar en ambition att ge ökat utrymme för de berörda inom sociala omsorgsverksamheter att själva påverka sina villkor. "Den som bär skon vet själv bäst var den klämmer." Vällovliga föresatser som tyvärr ofta stannat vid högtidliga deklarationer eller teoretiska beskrivningar.

I den här boken redovisas något annat – ett långvarigt, konkret, empiriskt arbete där personer med intellektuella funktionshinder skapar och använder verktyg för att lära känna och påverka sina livsvillkor och det samhälle som omger oss alla. Det som startade som en utvärdering av kommunaliseringsreformen på 90-talet utvecklades snart till att bli något mycket större – en studie av att leva och bo i samhället (ALOBIS). Vi möter berättelser om fördomar, mobbning, förödmjukelser och övergrepp, men också om positiva upplevelser och det stöd vi människor kan vara för varandra. Några generella aspekter blir på ett särskilt sätt tydliggjorda. En sådan är den unika långsiktigheten i arbetet, som sträcker sig över en period på tjugofem år. Ambitionen, och framgången med att söka och utveckla kontakter i samhället, med beslutsfattare och resurspersoner av olika slag en annan. Hur många forskningcirklar skapar t ex ett personligt möte med den ansvarige ministern? Internationaliseringen är en tredje sådan aspekt. Men mest slående är hur kompromisslöst

9

grundtankarna om att ge de berörda röst och inflytande har genomförts. Här möter vi empowerment i praktiken.

I en kombination av närhet och distans, men alltid med stor värme, tar Berith Nyqvist Cech oss med genom berättelsen om ALOBIS. Jag önskar att den här boken ska bli en inspirationskälla i breda kretsar, för personer med intellektuella funktionshinder och deras sociala nätverk, för deras organisationer, men också för beslutsfattare, administratörer och för forskare inom socialvetenskaperna.

Bengt G Eriksson,
professor emeritus i socialt arbete

INLEDNING

Detta är några berättelser om hur det kan vara att leva och bo i samhället som person med intellektuellt funktionshinder.

Jag har just läst en intressant bok av Ingalill och Per Stefansson med flera, som heter *När de skulle bli som vi* (Bokförlaget KR). Boken handlar om olika erfarenheter gjorda i och med kommunaliseringen av särskola och omsorgsverksamheter i Söderhamn. Under åren har det skrivits många texter om kommunaliseringen av särskola och omsorgsverksamhet för personer med intellektuella funktionshinder/funktionsnedsättning/funktionsvariationer (som ibland kallats utvecklingsstörda, begåvningshandikappade, förståndshandikappade, osv.). Jag väljer här att använda begreppet *personer med intellektuella funktionshinder*.

Kommunaliseringen av omsorgs- och särskoleverksamheter genomfördes över hela Sverige med början 1993-94. Det innebar stora förändringar för samhället i stort såväl som för enskilda människor. Utvärderingar genomfördes för att försöka förstå förändringens konsekvenser.

I Värmland utvärderades förändringen men med kravet att det var personen med utvecklingsstörning/intellektuellt funktionshinder och vederbörandes uppfattning av förändringen som skulle speglas. Denna

11

bok, *Men för oss är det viktigt!*, visar förändringen ur delvis annat perspektiv och med andra berättelser.

Boken är skriven av mig, tillsammans med ovanstående personer med intellektuella funktionshinder, och handlar om våra gemensamma erfarenheter av att ha försökt förstå kommunaliseringens effekter för deltagarna. Fokus för vårt samarbete har varit deltagarnas egna frågor, tankar och erfarenheter av förändringen, med utgångspunkt i begrepp som "delaktighet, på lika villkor, självbestämmande, medbestämmande, rättvisa". Detta var nämligen några av honnörsbegreppen som myntades i och med att kommunaliseringen genomfördes och rättighetslagen LSS (lagen om stöd och service) kom att gälla.

LEVA PÅ LIKA VILLKOR?

Personen med intellektuella funktionshinder lovades att få rätten att "leva på lika villkor" och att bli en *samhällsmedborgare* som alla andra, dvs "bli som vi", istället för som tidigare, att ses som en *patient* på vårdhem, avskild från samhället i övrigt. Det finns fina beskrivningar även av det livet men ett beslut fattades att LSS skulle införas, kommunalisering av omsorgs- och särskoleverksamhet skulle vara kommunernas ansvar, så då gjorde man så. Den här texten är alltså skriven i samarbete med några deltagare som tidigare kallades "personer med utvecklingsstörning" men som numera bland annat benämns personer med intellektuella funktionshinder. Den första delen vilar på berättelser som personer med intellektuella funktionshinder delgett mig under medverkan i tre forskningscirklar under åren 1995–2003 och som då nedtecknades med deras godkännande. Allt som allt har 27 personer deltagit i dessa tre cirklar. Här är namnen fingerade, medan i den avslutande delen är berättelserna från Sara, Laila, Per och Karin, som är de aktiva deltagarna tillsammans med mig, Berith, fortfarande idag.

Några av de 27 deltagarna har erfarenheter av att ha bott på institution, andra har inte det. Utvärderingen av kommunaliseringen i Värmland blev mitt uppdrag, då som stipendiat vid Centrum för folkhälsoforskning (med början 1994-95). Kravet på utvärderingen från uppdragsgivarna var att fokus skulle ligga på hur personen med intellektuellt funktionshinder själv uppfattade kommunaliseringens effekter. Därför valdes bland annat att arbeta med deltagarorienterad forskningsmetod där jag bjöd in personer med intellektuella funktionshinder från tre olika miljöer. De informerades om uppdraget och tillfrågades om de ville delta med mig i den här utvärderingen. Kommunaliseringen var ju ett förändringsarbete, där de var huvudaktörer. Därför ansåg jag att de borde vara med och vara delaktiga i utvärderingen. Några tackade ja på min fråga och detta är några glimtar av deras och vår gemensamma historia.

VAL AV
TILLVÄGAGÅNGSSÄTT

Vi valde bland annat att göra utvärderingen genom att tillsammans i tre olika grupperingar ge utrymme åt var och en att berätta om erfarenheter från det liv man levt. Detta för att sedan tillsammans reflektera över deras frågor som: *Varför är det så? Vad kan bli bättre?* Dessa frågeställningar ställdes i relation till förhoppningar om förändringar till följd av kommunaliseringen. Som till exempel; vad hade kommunaliseringen och integreringen i samhället inneburit för just dem? Detta var svåra och ovana begrepp och därför svårt att förklara eller att förstå, vilket gjorde att det tog tid för oss. Den första gruppen möttes 1995-96 på en folkhögskola under ett år. Den andra gruppen startade 1996 på en daglig verksamhet. Först möttes vi under fem år, för att efter min disputation 2001 mötas var fjortonde dag. Under denna första tid kunde vi mötas på deras dagliga verksamhet, för att så småningom mötas under kvällstid på Karlstads universitet. Därefter har vi, med delvis förändrad grupp, sedan några år tillbaka fått möjligheten att hålla våra möten i FUB:s möteslokal i Karlstad. Det är ur just denna dagliga verksamhetsgrupp som en önskan om att skriva ner våra erfarenheter i en bok framkommit, från både deltagarna själva men även från deras anhöriga. Vi bildade *Den ideella Föreningen ALOBIS* år 2008.

Den tredje och sista cirkeln i utvärderingsarbetet startade vid en gymnasiesärskola under sommaren 1998 och avslutades ett år senare.

I samtliga grupper har intressanta erfarenheter berättats för varandra, och människor som vi mött i olika sammanhang, varav en del nedtecknats i olika delrapporter. Texten i dessa har lästs av deltagarna själva och ibland med hjälp av mig. Minnesanteckningar har därefter gjorts både av mig och deltagare, så den här texten återger några av våra erfarenheter, minnen och berättelser från samtliga grupper. Dessutom har vi genomfört olika aktiviteter tillsammans i vårt arbete för att söka svar på deltagarnas frågor. Ibland har vi också genomfört olika aktioner, såsom förändringsarbeten i deras vardag, resor, föreläsningar, konferensdeltagande tillsammans, ibland med stöd av anhöriga.

Hur beskriver man en så stor förändring?

Hur fångar man en så stor förändring som kommunaliseringen inneburit för deltagarna med en text på några sidor? Vem ska berätta om detta? Förändringen sker här och nu, hela tiden. Hur märker man en sådan här stor förändring i vardagen, om man är en person med intellektuella funktionshinder? Det finns självklart olika beskrivningar och målsättningar för olika människor, men allas erfarenheter och kunskaper är värdefulla. Målsättningen från samhällets sida 1993-94, då förändringen genomfördes, var god, och mycket som personen med intellektuella funktionshinder och hans/hennes anhöriga önskade, blev bättre. Inom snart sagt alla samhällets verksamheter välkomnas idag människor med intellektuella funktionshinder, som till exempel inom de konstnärliga, såsom i projekten *Olika avtryck, Share Music, Lerins lärlingar,* osv. Man pekar då på rättighets- och delaktighetsprinciper och de funktionshindrades möjligheter att leva på lika villkor som andra. I artikel 30, punkt 2, i FN:s konventioner står bland annat att

ändamålsenliga åtgärder ska vidtas för att personer med funktionsnedsättning ska få möjlighet att utveckla och använda sin kreativa, artistiska och intellektuella förmåga, inte endast i eget intresse utan även för samhällets berikande.

I Värmlands län genomfördes alltså kommunaliseringen av särskola och omsorgsverksamheter i mitten av 1990-talet som i många andra kommuner i Sverige. Utvärderingen av förändringsarbetet här genomfördes som ett fyraårigt projekt, på halvtid. Till en del av detta arbete inbjöds intresserade personer med intellektuella funktionshinder att delta som medforskare. Deltagare från folkhögskola, daglig verksamhet samt gymnasiesärskola deltog.

Här berättar vi, fast det är jag, Berith, som skriver på deltagarnas uppdrag, om våra minnen och erfarenheter. Projektet *Att Leva Och Bo I Samhället (ALOBIS)* startade 1995 och pågår fortfarande 2020 men under senare tid på låg fart. Corona-viruset bidrog till att bokskrivandet blev försenat. Denna bok är tänkt vara avslutningen på vårt mångåriga projektarbete tillsammans.

Vår berättelse handlar om tre olika grupper av människor. Vi kallar oss ALOBIS-gruppen, som är en förkortning av *Att Leva Och Bo I Samhället* – som funktionshindrad. Detta namn var deltagarnas eget förslag. Vår resa tillsammans startade alltså egentligen redan 1995, då första ALOBIS-gruppen bildades. Deltagarna i den första gruppen var medskapare till projektet ALOBIS och önskade att fler skulle få delta i det vi då påbörjade.

Därför har nu, under mer än 25 år, några av oss fått mötas och lära oss av och om varandra och om samhället vi lever och bor i, genom att ställa deltagarnas frågor. Deltagarna har vuxit med sina uppgifter, uppgifter som de själva valt. De har ofta uttryckt: *Så här borde alla få göra!* Vi har dessutom försökt lyfta upp frågan om det intellektuella arbete, som vi med gemensamma krafter försökt genomföra under dessa år. Detta i avsikt att utmana, utveckla men också att skapa möjligheter genom att använda våra gemensamma och unika förmågor, våra erfarenhetskunskaper, som samhället behöver få ta del av. Frågor som vi försökt fokusera våra aktiviteter på handlar om att belysa och lyfta deltagarnas egna viktiga livsfrågor för att få sina svar.

Detta projekt har under åren alltså bestått av tre olika grupperingar med fem, sex deltagare per grupp med intellektuella funktionshinder och med mig som ansvarig projektledare. De har valt att delta av egen fri vilja för att i samarbete med en forskare själva *beforska* sina vardagsverkligheter. Det har gjorts med hjälp av att var och en i cirkeln berättat sina egna livsberättelser för varandra. Fortlöpande med detta, så har vi funnit deltagarnas egna livsfrågor, ofta om orättvisor som drabbat dem själva eller någon de känner. Och undran: *Men varför är det så?* Då har vi stannat upp, tagit del av varandras erfarenheter om just denna fråga, diskuterat, samtalat och ibland funnit svaren i vår egen grupp, ibland inte. Och då har någon i gruppen frågat: *Vad kan vi göra? Kan vi hjälpa?* Ibland lyckas vi inte finna svaret hos oss själva och då har deltagarna valt vilken av alla frågor som vi ska jobba vidare med tillsammans. Deltagarna har då diskuterat och slutligen bestämt strategierna för att tillsammans fånga svar: vem som ska intervjuas, inbjudas, vart vi ska åka, och så vidare för att få frågorna besvarade.

18

Så till exempel har vi fått samarbeta med grupper både inom Sverige och utomlands.

Därefter har vi som forskningscirkel, med gemensamma ansträngningar, fortsatt att lyfta olika livsfrågor som man vill ha svar på – och slutligen har vi fått modet och känt oss stolta över att "bli sedda" som ALOBIS; men också som den unika människa var och en i grupperna är. Detta har för vissa deltagare varit en stor utmaning, för andra mer naturligt. Där har min idé varit att tillsammans blir man stark och modig, och om man får pröva nya saker i en trygg grupp så vågar man mer och mer och blir mer självständig, men inte ensam. Detta har deltagarna accepterat.

Ett sätt att vara modig är just att vilja och våga nya utmaningar. Detta att, trots att man blir nervös och osäker inför möten med politiker, tjänstemän eller studerande, ändå vilja och våga prata och att "göra sig sedda" trots sin rädsla. Det har gjorts på olika sätt genom åren och nu väljer vi ännu ett, nämligen att deltagarna önskar skriva ner delar av vår "forskningsresa" tillsammans. Resan har pendlat mellan att våga mötas i en forskningscirkel tillsammans med mig som projektansvarig, kunna lyssna på varandra, våga ställa sina frågor och att tillsammans finna orden för att ställa frågor till samhällets olika representanter runt oss, ordna sig egen ALOBIS-konferens, för att slutligen nu bearbeta denna process av våra erfarenheter, till att bli en bok.

ARBETET STARTAR

Bakgrunden till forskningscirkeln ALOBIS arbetsidé startade alltså för projektansvarig/forskarresursen som ett utvärderingsuppdrag. Utvärderingen handlade om att man som politiker önskade få veta hur *personen med utvecklingsstörning* (1994/95) upplevde att kommunerna skulle ta över huvudmannaskapet för hans/hennes vardagsliv i ett samhälle för alla. Personen skulle ändra sin samhällsroll från att vara patient i landstingets ansvarsområden till att bli samhällsmedborgare, relaterat till kommuninnevånare, som alla andra. Hur fångar man den funktionshindrades bild av en så stor samhällsförändring, som inte ens politikerna själva eller jag, förstod innebörden av?

Som intellektuellt funktionshindrad hade man ofta ingen kunskap eller erfarenhet av vad en sådan förändring kunde vara – därför hade man heller inga ord för att beskriva detta eller formulera adekvata frågor. Man visste inte ens om att förändringen genomfördes. Detta tillsammans med funktionshindret kunde innebära, att man dels inte förstod innebörden av något så abstrakt som en samhällsförändring, dels vad detta skulle innebära för respektive person i förändrade levnadsvillkor. Detta var något som ingen samtalat med personen om tidigare. Det innebar att vi skulle utvärdera något som man inte hade erfarenhet av och därmed inte visste hur det yttrade sig för den enskilde. Eller där ingen av oss ens visste att det skedde en förändring för den funktionshindrade, en förändring mot ökad delaktighet som också krävde att man skulle ta plats i samhället, känna till både sina rättigheter och sina skyldigheter, att våga ställa krav. Hur förberedd var man?

Och de anhöriga, personalen, samhället i stort? Bara sådana frågor som: Vad är, innebär, delaktighet, självbestämmande och normalisering, då detta var ofta oanvända begrepp för de berörda, personal och anhöriga? Innebörden i honnörsbegreppen för personer med intellektuella funktionshinder försökte vi inledningsvis att bearbeta i respektive grupp. Varför var det intressant att veta? Hur ställde man frågorna och hur handskas man rent etiskt med frågorna? Detta var en stor utmaning för oss alla och denna text avser beskriva några erfarenheter gjorda av oss tillsammans och av var och en.

Den sociala omsorgen om personer med särskilda behov och möjligheter har i vårt land byggts upp under närmare hundra år. Verksamheterna bygger på en värdegrund som existerar i vårt samhälles grundideologi: att i solidaritet med utsatta människor ge stöd och hjälp då detta krävs. Denna ideologi är tydliggjord i såväl vår lagstiftning (Regeringsformen; Socialtjänstlagen; LSS osv.), där alla människors lika värde lyfts fram, som i just olika former av omsorgsverksamheter.

Dessa omsorgsverksamheter, som bland annat riktar sig till funktionshindrade och äldre människor, är till exempel daglig verksamhet för personer med särskilda behov, olika former av särskilda boenden där stöd och hjälp ges för att klara vardagens levande, samt visst pedagogiskt stöd till exempel inom särskoleverksamhet. Denna omsorg kan ses som ett komplement till exempel till anhörigomsorg eller frivillig omsorg som ges av olika intresseorganisationer.

Många funktionshindrade har, genom att gå samman i olika föreningar och organisationer, ökat sin delaktighet och påverkansmöjlighet i samhällets planeringar och mottagande av det stöd och den hjälp som man behöver för att kunna leva. Ett sätt för personen med funktionshinder att få samhällets stöd och service specifikt anpassat efter funktionshindrets möjligheter och begränsningar har ofta varit att beskriva sig själv som *svag*. Epitetet *svaga grupper* eller *utsatta grupper* har alltså gett personer med intellektuellt funktionshinder ett värde och en maktposition i ett samhälle som säger sig just vilja värna om de svaga i solidaritetens namn.

Jag var med vid "Hur lever funktionshindrade idag?" – konferensen i Halmstad november 1996, där Bengt Lindqvist använde sig av ett citat från Olof Palme, angående socialpolitikens grund: "Det finns något i det djupt mänskliga. Vi skulle kunna kalla det för det gemensamma livsprojektet."

Utifrån detta ser Lindqvist människans livsprojekt som att växa upp, lära sig gå, gå till skolan, ha vänner, arbete och familj. Och så fortsätter han:

> Det är inte märkligare än så när vi talar om den fulla delaktigheten än att överföra just det målet på livsprojekten – alla människors rätt att utveckla sina livsprojekt som i väldigt hög grad och som på det här planet är gemensamma för oss alla ... Vi begär inte det omöjliga ... Det är mycket enklare än så. Det handlar om de vardagsnära tingen.

Lindqvist trycker här på "alla människors rätt att utveckla sina livsprojekt" (se ovan). Därefter beskrivs hur han kan se att handikapprörelsen bör röra sig i två olika fåror. Det handlar dels om att stödja individen med rehabilitering, habilitering, och så vidare, dels måste vi bygga samhällen som utgår från människors verkliga behov och möjligheter.

ATT LEVA SINA LIVSPROJEKT

Hur använder vi då denna grundlagsstiftning? Har den förbättrat den enskildes rätt till att leva sina livsprojekt? Forskningen redovisar några erfarenheter om tillämpningen av rättighetslagen LSS och konstaterar att lagstiftningen är ett svagt instrument för att till exempel stärka den intellektuellt funktionshindrades rättsliga ställning i relation till lagen.

Det visar sig också att även om man vid överklaganden av ett negativt myndighetsbeslut till en oberoende förvaltningsdomstol (regeringsrätt, kammarrätt, länsrätt) har fått rätt gentemot såväl landsting som kommun, så kvarstår ändå avslaget på en ansökan om hjälp. Trots överklagandet lämnas detta alltså utan åtgärd på ett ofta nonchalant sätt. Då det inte finns ekonomiska medel i kommunerna till exempel för att tillgodose ett behov – så finns det inte! Då spelar dessa beslut utifrån en rättighetslagstiftning dessvärre ingen roll alls. Trots att man som myndighetsperson ansåg att kraven var rimliga – så gick det inte att tillgodose dem, på grund av resursbrist.

Detta visas även i bemötandeutredningens slutbetänkande "Lindqvists nia" (nio förslag till förbättrat bemötande av personer med funktionshinder). Utredningen visar på stora brister i hur funktionshindrade upplever sig bli bemötta av det omgivande samhället, trots att det sedan 1/1 1994 finns en rättighetslag, Lagen om stöd och service (LSS).

ATT VARA BEGRÄNSAD
I SITT VARDAGSLIV

(Kort historik)

De flesta människor är på olika sätt begränsade av olika orsaker i sina liv. Det är ganska betydelsefullt för eventuella åtgärder var man lägger fokus, då man säger att någon är "handikappad" eller "funktionshindrad". Begreppet handikapp är snart borta ur vårt språkbruk. Varför? Det är väl inte fult eller skamligt att vara handikappad? Detta miljöbetingade begrepp uppstår i relation människa – miljö/situation och då främst i de krav som en viss miljö eller situation ställer på en person. I propositionen till Socialtjänstlagen (1982) står det:

> Handikapp är inte en egenskap hos en person med skada eller en sjukdom. Handikapp är i stället ett förhållande mellan skadan eller sjukdomen och personens omgivning. Det är således fullt rimligt att tala om verksamhet som till följd av bristande anpassning och omtanke förorsakar svårigheter eller reser hinder för människor med skador och sjukdomar (Prop. 1979/80:1).

Inför arbetet med LSS framhölls det positiva i just detta, att handikapp inte skall ses som en egenskap utan mer som ett förhållande mellan människan och dess omgivning (Prop. 1992/93:159). Hur tänker vi idag 2020?

Omgivningen begränsar en människa genom sin okunskap. Stämplingen är således något som omgivningen gör och beror inte på egenskaperna hos den avvikande. Men individen som upplever att omgivningen ser på honom/henne som annorlunda får till följd att personen ifråga blir den som det förväntas av honom/henne. Denna stämpling blir sedan i det närmaste omöjligt att tvätta bort. Här betyder begreppen begåvningshandikapp, förståndshandikapp eller utvecklingsstörd som begrepp ingenting i sig själva utan kan ses som effekter av en socialiseringsprocess som är genomgripande i hela livet för personen med utvecklingsstörning, begränsad intellektuell förmåga.

Acceptansen av de funktionshindrade kanske kan påverkas av om dessa personer tar sig eller får roller i samhället som av andra är högt värderade. Och i relation till vilka personer med utvecklingsstörning/intellektuellt funktionshindrad verkligen är, att de som precis som alla andra, är unika individer? Kanske kan de därmed bli delaktiga och få samhällsinflytande och därmed även "lyfta" sina medsystrar och bröder och ge dem en plats i solen? Kan detta att delta i en forskningscirkel medverka till att få den betydelsen?

I vårt land finns flera lagar med avsikt att värna de svagas rättigheter och som bygger på de mänskliga rättigheterna: Alla människors lika värde. Kommunaliseringen av omsorgs- och särskoleverksamheten runt vårt land och i resten av Norden styrs av en handikappideologisk satsning som genomsyrar även världen för övrigt. I de s k FN:s 22 standardregler för handikappade från år 1993 framförs samma ideologi som i LSS. De fyra första av dessa regler avser att visa på förutsättningar för ökad delaktighet på lika villkor. Dessa är nämligen: ökad medvetenhet hos människor med funktionsnedsättning, medicinsk vård och behandling, rehabilitering och rätt till stöd och service, där en utveckling av bland annat hjälpmedel för personer med

25

funktionsnedsättning ingår. Dessa standardregler är antagna av 158 länder som förhoppningsvis arbetar för samma mål, dvs en god färd genom livet för personer med funktionshinder.

Lagen om stöd och service (LSS) kan ses som en grundbult i handikappreformen från 1993-94. Denna reform drevs fram genom de funktionshindrades kamp mot samhällets marginalisering och maktmissbruk från samhällets professionella i olika sammanhang. Det finns forskare som har visat på riskerna med denna lags tillämpning, där man tycker sig se effekter av att en del funktionshindrades makt och autonomi kan bli försvagad istället för stärkt.

Valfrihet och självbestämmande har blivit allt viktigare honnörsbegrepp i välfärdsstatens nyare begreppsapparat. Ofta är detta positivt, som då individen med funktionshinder tack vare LSS/LASS (LASS: Lagen om rätten till assistensstöd) fått tillgång till personlig assistans och därmed fått ökad frihet och ökat oberoende - trots sitt beroende. De orosmoln som kan ses beror på just bland annat denna valfrihet, på självbestämmandet och oberoendet. Vet man alltid vad man väljer? Förstår man konsekvenserna av sina val? Problemen uppstår ofta i formen av sociala, organisatoriska eller ekonomiska förhållanden som påverkar oberoendet och valfriheten. Detta sker i decentraliseringens spår, där kommunalisering av särskole- och omsorgsverksamheter är en del. I spåren av ekonomisk åtstramningspolitik följer även olika marknadskrafter, som förväntas kunna ta över den solidariska omsorgen om samhällets utsatta grupper. Målet med kommunaliseringen styrs, och styrdes, ju också av ekonomiska vinstintressen, effektivisering, samhällelig marginalisering och därmed finns en risk för att som funktionshindrad bli utsatt för ännu mer maktmissbruk.

Individens rättighet blir här en individuell fråga för var och en att hävda. Det kan kallas valfrihet och självbestämmande. LSS/LASS tillkom för att stärka och påverka maktbalansen mellan dem som begär insatser och dem som skall ge. Och det gör man genom att benämna dessa insatser för "rättigheter". Men fortfarande *kräver* lagen att personen med intellektuellt funktionshinder själv måste klara av att dels ha kunskap, dels fortlöpande skaffa sig ny kunskap om rättigheter och skyldigheter. Personen ska dessutom också kunna formulera sina anspråk och sin önskan om delaktighet, åtminstone i beslut som gäller den egna vardagen och som man har rätt att kräva? Deltagarna i ALOBIS önskade bidra till att kunna formulera gemensamma anspråk.

Begrepp som ofta kopplas samman med personer med intellektuellt funktionshinder och välfärdsstatens utveckling är strävan mot normalisering och integrering. Begreppet "normalisering" myntades av Bengt Nirje (1924-2006) och hade en särskild innebörd för honom. Bengt Nirje lanserade, som ombudsman för FUB 1961-70, den s k Normaliseringsprincipen, som blev grunden för att man som person med utvecklingsstörning skulle ha rätten att leva och bo så normalt som det är möjligt. Normalisering innebar bland annat en normal dygns- och veckorytm. Det innebar även en normal livscykel, det vill säga att man som person med intellektuella funktionshinder går igenom samtliga livsfaser så som andra kvinnor och män. Det var normalt, ansåg Nirje, att man som person skulle respekteras i sina val, önskningar och behov. Man skulle även ha rätt att få leva som kvinnor och män tillsammans. Ekonomiska villkor skulle vara "normala", det vill säga likvärdiga för personer med intellektuellt funktionshinder som för andra samhällsmedborgare. Dessutom ansåg han att boendet till exempel måste hålla normal standard även för dessa

27

personer, så att var och en hade rätt till en egen bostad. Normaliseringsprincipen växte fram ur den kritik mot omsorgsverksamheten som fanns, mer än att visa på nya vägar. Detta beskrivs även i boken *När de skulle bli som vi.* Begreppet normalisering har en politisk innebörd som handlar om rättvisetanken. Det innebär att samhällets resurser i solidarisk anda, som tidigare nämnts, fördelas lika mellan stark och svag, mellan rik och fattig, funktionshindrad eller inte och så vidare. Detta är grunden för att kunna leva ett liv i gemenskap med andra, att man får så lika förutsättningar som det är möjligt – utifrån! Integrering är ett medel för att nå normalt liv men även ett mål i sig.

Ville bli sedda

Deltagarna ville dels anordna sin egen konferens, dels önskade de skriva sin bok. De ville "bli sedda" med hjälp av sina berättelser om erfarenheter av att leva och bo i samhället, men också få en chans att tillsammans finna verktyg, så att *de* dels kan lära sig mer om sina levnadsvillkor och om vad de kan påverka, dels kan lära andra om dessa livsvillkor.

Deras önskan att skriva en bok handlar om att skapa respekt, intresse och förståelse för vilka de människor är, som man kanske möter i samhället eller i sina respektive professioner.

SÅ HÄR HAR VI GJORT

Vårt cirkelarbete tillsammans har byggt på teorier om *empowerment*. Empowerment kan betyda att skapa egenmakt, att ta makten över sina liv, det vill säga finna sätt och strategier för att stärka individen, att ta ansvar för sig själv så långt detta är möjligt. Detta kan inbjuda till ett arbetssätt som inom forskningen kan kallas deltagarorienterad forskningsmetod och kan praktiseras i forskningscirklar. Det har vi försökt att göra. I fortsättningen kommer jag använda begreppet empowerment med denna innebörd.

Vad är en forskningscirkel?

Forskningscirkel kan förklaras som att människor med gemensamma intressen och behov samlas och samtalar om frågor de har tillsammans, och där allas röster är lika mycket värda. Frågor och svar bearbetas med hjälp av olika, av dem valda redskap, redskap som passar just dem som deltar. Deltagarna ses som experter på sina livsfrågor och de väljer själva om de vill delta i arbetet med att söka frågor och svar tillsammans om det liv de lever. En av deltagarna kan vara utbildad forskare och kunnig inom forskningen, för att ge tyngd åt gruppens arbete och för att tydliggöra att frågorna och svaren är viktiga även för samhället.

Det kvarstår idag, våren 2020, en grupp om fyra personer med funktionshinder samt forskarresursen Berith. Vi som en gång valt att delta i denna, den andra ALOBIS-cirkeln och som startade som ALOBIS-grupp

29

två, våren 1996. Cirkeln ska arbeta med ett demokratiskt arbetssätt, det vill säga att allas röster är lika mycket värda. Principen är, att lära genom att delta utifrån sin kunskap och sina frågor, få pröva och kanske misslyckas, för att pröva igen och att stärka deltagarna till självständighet och våga göra egna val. Här handlar det om att teori möter praktik i reflektion över vad som sker i möten mellan människor med olika drömmar. En av deltagarna i den forskningscirkel som fortfarande pågår sade tidigt i vårt möte: *"Det svåra, förstår du Berith, är att förstå, att andra inte alltid förstår att jag inte alltid förstår."*

ALOBIS HISTORIA
– en del av den

Det var med hjälp av den första ALOBIS-gruppen som allt startade. Det var här mina tankar om vad vi kunde göra tillsammans prövades, och det var genom deltagarnas mod, engagemang och vilja som vi vågade jobba vidare. De trodde på detta arbetssätt.

Hur?

Då den första ALOBIS-gruppen möttes hade jag försökt förbereda mig genom att läsa en kurs om utvecklingsstörning (1994), studera aktuell litteratur och forskning och hade samtalat med kunniga representanter för bland annat FUB samt genom att möta människor som fick stöd via omsorgsverksamheten.

Då vi startade denna första cirkel började jag självklart med att berätta vem jag var. Därefter frågade jag var och en vad han/hon hette, det vill säga vi presenterade oss för varandra. Så berättade var och en vad vi förväntade oss av vår tid tillsammans.

Vad?

Mina praktiska önskemål inför arbetet var att vi skulle ha ett eget rum med plats för mellan fyra och sex personer/grupp samt mig. Alla skulle känna sig lika mycket värda, få lika stor plats att höras, då vi behövde olika tid att berätta, att ställa frågor, att lära sig lyssna på varandra och vänta på de som behövde mer tid, osv. Vi skulle låta dem som ville tala länge få göra det ett tag, men sedan ta hänsyn till andra genom att försöka visa på att han/hon borde lämna ordet vidare till nästa i gruppen. Vi skulle bli en grupp som skulle lära oss att jobba tillsammans.

Varför?

Utvärderingen skulle utgå från hur personer med intellektuellt funktionshinder upplevde kommunaliseringen och dess effekter på deras liv. Förändringen skulle innebära ökat självbestämmande och ökad delaktighet i samhället och i deras egna liv.

Jag tolkade det som att de då också borde vara delaktiga i utvärderingen. Därför bjöds personer med funktionshinder in till en forskningscirkel. Tillsammans bestämde vi i respektive grupp att vi varje gång skulle berätta för varandra: Vem man är, vad man kan/inte kan, och vad man önskar av förändringen. Vad vill de göra? Vad vill jag? Hur ska vi jobba? Detta samtalade vi om och bestämde hur just vi skulle arbeta tillsammans.

Ur de berättelser som alla, de som ville, kunde dela med sig av, fanns det frågor som vi behövde prata mer om. Och att söka svaren och ny kunskap tillsammans, tar tid.

Vem skulle göra vad?

I samtliga grupper tyckte deltagarna att jag skulle vara sekreterare. Vi behövde minnesanteckningar. Allt som vi gjorde skulle vi göra tillsammans. Alla skulle hjälpas åt. Detta innebar ofta att allt bestämdes i gruppen men att jag skulle göra detta. Självklart, eftersom få kunde skriva, de var ovana vid att tala i telefon, och så vidare. Men detta förändrades allteftersom varje gång deltagarna tillfrågades, och uppmuntrades, så till slut vågade de mer och mer.

Efter att våra möten inleds med hälsningsfraser så vänder jag mig alltid direkt till var och en av deltagarna med frågan om hur tiden varit sedan sist. Alla ska känna sig sedda! Då händer det att någon spontant tar tag i någon av mötets frågor och som uttalar deras gemensamma anspråk, krav, på samhällets utlovade insatser. Då frågar jag: Vad vill ni göra? Ska vi göra något för att hjälpa dig? Svaren söks tillsammans. Och därmed drivs gruppens arbete, till viss del vidare, av dem själva och deras uttryckta vilja.

Dessa idéer om vårt arbete kom att justeras efterhand men kvar idag finns tanken om att alla är lika mycket värda och att vi är starka tillsammans. Efter alla år har vi lärt oss hur vi fungerar tillsammans.

HÄR FÖLJER
NÅGRA BERÄTTELSER

Några berättelser om att leva och bo i samhället i relation till vårt arbete med ALOBIS.

Deltagarna i den första forskningscirkeln 1995-96 har jag tyvärr inte längre någon kontakt med men jag har många fina minnen från våra möten som kan berättas. Och ett stöd för dessa berättelser är att vi skrev dagbok tillsammans.

Våren 1995 startade alltså den första forskningscirkeln ALOBIS. Den bestod av elever vid en folkhögskola, och av mig. Inledningen till denna cirkel bestod av att jag bad om tillåtelse av rektorn vid folkhögskolan att få möta några elever som frivilligt ville delta i den utvärdering jag genomförde på uppdrag av Kommunförbundet och Landstinget i Värmland. Rektorn godkände detta och gav mig telefonnummer till klassföreståndaren i den aktuella klassen. Vi fick kontakt och jag inbjöds till elevernas första skoldag, där jag fick följa med på en utflykt i skogen, för att vi skulle lära känna varandra och ha det trevligt ihop. Innan dagen avslutades samlades hela klassen för att sitta ner och fika på kaffe och bullar, och för att samtala. Här gavs jag tillfälle av klassföreståndaren att presentera mig och uppdraget: att utvärdera vad kommunaliseringen betydde för dessa elever. Jag berättade att jag till vardags arbetade som lärare på dåvarande Hälsohögskolan.

Mitt förslag var att vi skulle träffas några stycken, mellan fyra och sex personer per grupp och så jag, en gång i veckan, för att samtala om olika frågor som de själva hade och sådana som jag behövde få deras svar på, eftersom de var ju experter med erfarenheter av detta liv.

Tanken var att vi tillsammans, så som i deltagarorienterad forskningsmetod, skulle använda varandras kompetenser till att bedriva forskning med utgångspunkt i deltagarnas unika livserfarenheter och kunskap. Men vi skulle också utifrån deras egna livsfrågor söka svar tillsammans. Jag avslutade vårt möte med att fråga om några ville möta mig igen. Av klassens cirka 15 elever ville alla delta i en forskningscirkel med mig denna första dag. Då jag fick beskedet om hur många som egentligen kunde och ville delta veckan därpå, så hade gruppen minskat.

I denna första grupp blev det ibland fem, ibland sex personer med intellektuella funktionshinder, både kvinnor och män, som mötte mig under skoltid en gång i veckan. Vi fick låna ett eget rum på skolan med ett avlångt bord i mitten, där vi alla kunde se varandra. Det var lugnt och skyddat och vi trivdes där. Vi började med att var och en berättade vad vi hette och var vi kom från. Jag berättade igen om mitt uppdrag att utvärdera hur det upplevdes att leva och bo i samhället som person med utvecklingsstörning, som det kallades då i mitten av 1990.

Diskussionerna och samtalen handlade också om hur de upplevde att de överhuvudtaget hade ett intellektuellt handikapp eller funktionshinder. Vi pratade om vad en forskningscirkel kunde vara och hur just vi skulle kunna arbeta, hur ofta vi kunde mötas, och vad de ville använda vår tid tillsammans till. Vi var alla lite osäkra på hur vi skulle lägga upp arbetet.

ALOBIS-grupp ETT – arbetet startar 1995
Vi försökte tillsammans finna metoder för att underlätta för oss alla att kunna lyssna på varandra, så att inte alla talade i munnen på varandra, som det ofta blev.

Deltagarna hade olika åldrar, där den äldste skulle fylla 65 år. Vi började använda en modell som jag kallade "fyrklövern". Vi ritade en fyrklöver tillsammans och i vart och ett i de fyra bladen skrev vi tillsammans in fyra frågor, som var och en av oss besvarade:

1) *VEM är Du?* Denna fråga valdes för att synliggöra att alla i gruppen var betydelsefulla, var och en hade sin tid och plats. Tanken var också att man skulle börja fundera på vem man egentligen var. Inte bara VAD man var, hur man definierades, dvs utvecklingsstörd.

2) *VAD är Du bra på?* Frågan valdes för att tydliggöra att alla är bra på något. Många var vana vid att få höra, vad det var man inte kunde. Jag ville att vi skulle försöka fokusera på vad deltagarna var bra på. Då kom ofta även en beskrivning på, vad man inte var bra på.

3) *Hur VILL Du använda vår tid tillsammans som forskningscirkel?* Frågan handlade om att fånga deltagarnas vilja. En av deltagarna sade till exempel, att det aldrig var någon som frågade vad hon ville. Så hur skulle hon veta det?

4) *Vilka FÖRVÄNTNINGAR har Du?* Den frågan handlade om mina tankar om, att man har rätt att förvänta sig något, till exempel av sin insats i vår grupp. Detta handlade också om förväntningar på kommunaliseringen, vilket jag snart förstod inte var aktuellt i början på denna gruppen. Också detta att fråga om deras förväntan var en ny fråga för några deltagare, då de aldrig tidigare använt begreppet eller fått den frågan. Vi talade då ibland istället om vad de önskade sig av gemensam tid. Så småningom

kopplades frågan till förväntningar på kommunaliseringen.

Eftersom detta med att bli forskningscirkeln ALOBIS var ett helt nytt äventyr för oss alla, så prövade vi oss fram till vår modell av forskningscirkel, på deltagarnas villkor. Vår forskningscirkel startade med samtal om vad man visste om LSS – den nya lagen om rätt till stöd och hjälp som var deras från och med 1994. De förklarade då för mig att deras lag hette OMSORGSLAGEN, inte LSS. Visste jag inte det? Vi samtalade ett tag att det nu var LSS som gällde från och med 1994 och om rättighetslagens betydelse för dem som samhällsmedborgare. LSS handlade till exempel vad rättighet betyder, att leva på *lika villkor* och att alla var lika mycket värda enligt lag.

Detta trodde de inte på. Deras lag var Omsorgslagen. Ingen hade berättat om LSS eller om kommunaliseringens betydelse för dem. Några tittade frågande på varandra och sade: *Varför har ingen berättat det för oss?* Dessa samtal tog tid och engagemang. Vår tid tillsammans skulle handla om att leva och bo i samhället som funktionshindrad, det bestämde vi efter några samtal.

Några problem och frågor om vardagen fick vi möjlighet att försöka lösa tillsammans. Detta var nytt för några av deltagarna och de sade ofta, att *så här har vi aldrig gjort förut*, detta att bli lyssnade på och att få göra sådant de önskade. Detta fast jag ofta fick höra då jag berättade om vår grupp för andra, att *så där jobbar man alltid inom omsorgsverksamheterna.*

Då deltagarna var nya för mig och för varandra och jag var en ny kontakt för dem, så vet jag ju bara den sanning och det de ville berätta för mig. Och det var så jag ville det skulle vara, att jag skulle lära mig av dem. Jag hade som sagt läst en kurs om funktionshindret utvecklingsstörning, som det kallades då, på Hälsohögskolan (som senare blev

37

en del av Karlstads universitet). Men hade förstås ingen kunskap om mötet med just dessa unika personer och deras funktionshinder, eller om deras liv överhuvudtaget förutom vad de berättade under våra möten. Det betydde, att jag inte hade några förutfattade meningar om vilka som mötte mig. De var först och främst människor, som jag som "människa" fick möta.

DELTAGARNAS FRÅGOR
BLIR TILL HANDLINGAR
(Samtligas namn är fingerade)

Våra möten handlade alltid om vad deltagarna ville, kunde, önskade prata om, men under tankespåret: ATT LEVA OCH BO I SAMHÄLLET.

Jag har försökt vara deras redskap för att förverkliga några av deras önskningar, så som de framförts av dem i sammanhanget av ALOBIS-projektet, och som jag har tolkat deras önskningar. Under dessa år har material insamlats i form av olika data, nedtecknade intervjusamtal, foton, minnesanteckningar, band, videoband, telefonsamtal samt rapporter. Antalet medverkande personer med intellektuella funktionshinder (utvecklingsstörning) har varit 23. Fem har varit män, resten kvinnor. Åldersfördelningen har varit från 23 till 64 år, då deltagarna startat sin medverkan. Utifrån dessa personer och år har data insamlats som återberättats av deltagarna men som jag ombetts att skriva ner.

Berättelserna som jag tolkat har alltid först godkänts av deltagarna. Kravet på dessa berättelser har varit att det som här återberättas har återkommit vid flera samtal och ofta lett fram till olika förändringsprocesser i grupperna. Förutom dessa 23 personer har gruppen ibland tillfälligt utökats av personer som besökt oss för att de ville pröva att jobba med oss, men som av olika anledningar sedan valde att avstå.

Under åren träffades alltså fem män och arton kvinnor med lindrig utvecklingsstörning och en kvinnlig forskare i

39

tre olika forskningscirklar. Grupperna träffades en gång i veckan för att tala med varandra om hur det är att leva som person med utvecklingsstörning (som begreppet var då, senare person med intellektuellt funktionshinder) i det svenska samhället i slutet av 1990-talet och fram till idag. Forskningscirklarnas syfte var att lyfta fram deltagarnas kunskaper. För att göra detta var tanken att de som skulle komma att bruka eller dra nytta av den framtagna kunskapen också skulle vara med i processen att ta fram den.

Samtalen kom självklart att handla om olika ämnen, lika olika som deltagarna var. Så framgick det bland annat att samtalsgruppens deltagare i de första grupperna hade få vänner och begränsade sociala nätverk. Samtalen avslöjade också att gruppens deltagare ville känna sig accepterade av andra men att de också insåg att andra tyckte att de var annorlunda. De uttryckte frustration över att inte förstå varför de inte blev accepterade eller varför de andra inte kunde förstå vem de egentligen är. Det finns forskning som säger att avvikaren själv bekräftar sin avvikelse varje gång han lever upp till de förväntningar på ett avvikande beteende som omgivningen har.

Cirklarnas olika medlemmar hade alla olika livsberättelser att dela med sig av. Dessa berättelser om livserfarenheter delade de med varandra tillsammans med mig. Några av dessa erfarenheter kan sammanfogas till gemensamma tankar och frågor, som kan ge kunskap om hur det är, eller var, att leva och bo i samhället om man har ett intellektuellt funktionshinder.

Efter hand som gruppens deltagare lärde känna varandra växte tilliten och förtroendet mellan dem. I takt med den ökade tryggheten i gruppen öppnades vägen för samtalsämnen som man vid tidigare tillfällen undvikit.

Agnes, till exempel, berättade om övergrepp som ägde rum inom den mest privata sfären – i det egna hemmet, där ingen utomstående egentligen hade insyn. Hemmet som symbol för trygghet försvann. I stället skapades en bild av hemmet som en plats där man var utlämnad, om någon ville göra en illa.

Övergreppet på gruppkompisen Berta skedde strax utanför den mest privata sfären, där människor i den närmaste omgivningen kunde ha viss insyn. Tryggheten fanns innanför hemmets dörr, men med ytterdörren öppnades också för otryggheten och ovissheten på andra sidan.

Berättelsen av kamraten Christer utspelade sig inom den minst privata sfären, där helt okända människor hade full insyn och möjlighet att gripa in. Händelsen blev offentlig och upplevdes som socialt sanktionerade, då ingen ingrep.

Relationen offer och förövare

I Agnes berättelse var förövaren och offret bekanta. Offret hade en tillitsfull relation till förövaren, dels i hans egenskap av snäll granne, dels genom den profession han hade i samhället. I berättelserna av Berta och Christer var förövarna okända för offren och det förelåg inga som helst relationer mellan dem. Förövarna kunde inte beskrivas och de erhöll en diffus karaktär av att vara representanter för människor där ute i omgivande samhälle.

Agnes

Agnes, en ung kvinna på 30 år, bodde vid tillfället för övergreppet i en egen hyreslägenhet i liten svensk stad. Hon arbetade tillsammans med andra funktionshindrade vuxna på ett dagcenter. Arbetskamraterna och personalen på dagcentret utgjorde tillsammans med hennes mamma, en kontaktperson samt deltagarna i samtalsgruppen, det

41

sociala nätverk hon hade. Hon gav emellertid ofta uttryck för en önskan att ha en "riktig" vän och hon var mycket kontaktsökande. Under den tid som samtalsgruppen varade presenterades två män vid olika tillfällen som hennes fästmän.

Vid flera tillfällen under lång tid gav Agnes olika delberättelser av de övergrepp hon varit utsatt för. Som en viktig ram för hennes berättelse framstår den stolthet och lycka hon kände inför sin egen lägenhet och den möjlighet hon hade att bestämma över sitt eget liv i hemmet. Hon uppskattade verkligen den självständighet hon hade. Under ytan av hennes berättelse fanns det en längtan att vara som alla andra men hon uttryckte också en medvetenhet om sitt utanförskap. Men hon sa ibland att hon inte kunde förstå vad det var för fel på henne.

Hon talade om den trygghet hon kände i sitt boende tack vare att en granne var polis. Hon motiverade också denna känsla med att man kan lita på poliser, eftersom de ska garantera att allt går rätt till. I ett senare sammanhang berättade hon att polisen var den ende av huset övriga hyresgäster som hon hade någon kontakt med. I lägenheten under henne bodde ett äldre par och de hälsande inte ens på henne. Hon upplevde: "De vill inte ha mig här, de tycker inte om att jag bor i huset."

Vid ett tillfälle undslapp det henne att det var någon som sparkat på hennes ytterdörr och att hon blev mycket rädd. Denna berättelse återkom vid ett par senare tillfällen och hon uppmanades då av kamraterna i samtalsgruppen att tala med sin granne polisen. Bitvis framgick det att hon nu var mycket rädd för denne man. Hon berättade att han blivit så förändrad och att han börjat komma in i hennes lägenhet. Men hon ville inte ha honom där. Hon berättade också att han varit berusad och inte alls snäll. Däremot ville eller kunde hon till en början inte tala om varför hon var rädd för honom. Efter hand kom det fram att han både sa och gjorde saker som hon inte tyckte om. Den äldre mannen, Kalle, i samtalsgruppen, frågade om hon inte talat med sin mamma om detta. Det hade hon gjort men mamman trodde att hon hade missuppfattat situationen och ville inte göra något. Agnes berättade att mamman sagt att hon inte kunde tro att en polis skulle göra sådana saker som dottern berättade om. Efter hand hade polisens intrång i hennes lägenhet blivit allt brutalare och Agnes berättade att han hade sparkat upp dörren en gång då hon vägrade att öppna. Agnes upplevde nu att ingenting kunde stoppa polisen från att göra det han ville. Hon hade börjat bli rädd att öppna dörren och hon ville inte längre bo kvar i sin lägenhet utan önskade flytta hem till mamma.

Genom att sammanföra delar av de olika berättelserna som Agnes lät oss ta del av, växte en bild fram där Agnes blivit sexuellt ofredad och utnyttjad av den manlige grannen – polisen. Det smärtsamma för henne var att det skedde i hennes egen lägenhet samt att hon upplevde att mamman inte tog hennes berättelse på allvar. Genom att utsättas för dessa kränkningar av mannen och sveket av modern blev Agnes ett tredubbelt offer: ett offer för mannen, för modern och för sig själv. Hon blev utsatt för fysiskt och psykiskt våld, hennes trovärdighet ifrågasattes av den som stod henne allra närmast och hon accepterade den skuld som hon, Agnes, lade på sig själv. Agnes tog på sig ansvaret för det som hänt men hon kunde inte förstå på vad sätt hon gjort fel.

Berta

Berta, en kvinna på 35 år, bodde vid tillfället för övergreppet i en egen lägenhet tillsammans med sin katt. Hon hade stöd från ett närbeläget gruppboende för funktionshindrade vuxna, bland annat genom ett alarmsystem som hon kunde använda om och när hon ville ha hjälp av personalen. Personalen i gruppboendet hjälpte henne en gång varje vecka bland annat med städning. Berta hade under sina första skolår gått i den vanliga grundskolan. Efter hand hade hon bytt skolform och avslutade sin skolgång i särskolan. Vid tidpunkten för berättelsen arbetade Berta på ett dagcenter. Hennes sociala nätverk bestod främst av arbetskamrater, personal, en kontaktperson samt deltagarna i samtalsgruppen.

Berta hade under lång tid, tämligen opåkallat, talat om att hon hade så ont i höfterna. Ibland klagade hon över ont i det ena och ibland i det andra knät. Det hände ofta att hon kom till samtalsgruppen gråtande och med håret i oordning. Helt plötsligt under ett gruppmöte frågade hon kamraterna om de kunde föreställa sig vad som hänt henne senaste lördagkvällen. De kunde inte gissa. Då berättade hon att några personer hade bråkat utanför hennes dörr. De hade skrikit skällsord som hon upplevde var riktade mot henne och de hade sparkat hårt på hennes dörr. Hon berättade att hon inte visste vad hon skulle ta sig till men att hon blev mycket rädd. Hon hade krupit upp i sängen och suttit där tills de gav sig av.

En annan gång skedde samma sak men senare på kvällen. Den gången hade hon somnat och vaknade av bråket. Hon var för rädd för att våga stiga upp ur sängen. Okvädingsorden och sparkandet mot hennes dörr upprepades flera gånger och en gång förstördes brevinkastet. Då kallade hon på hjälp via alarmsystemet och personalen som kom efter en stund, ringde på polisen. Då personalen kom, drog sig bråkmakarna undan och då polisbilen en stund senare körde upp med påslagna sirener försvann de i en bil.

Efter denna händelse blev Berta mycket ängslig och hon började få svårt att sova om nätterna. Hon talade om att det som var värst var att hon inte kunde veta när de skulle komma tillbaka. Hon frågade: "Vad har jag gjort? Jag förstår inte." Därför var hon orolig jämt. Berta sade att hon inte såg något slut på detta och hon började bli rädd att gå utanför sin lägenhet. Efter hand började hon också säga att hon inte vågade bo kvar i sin lägenhet längre. Hon talade med sin kontaktperson om sin rädsla och efter ett tag blev hon erbjuden att flytta till en gruppbostad för äldre.

I samband med dessa berättelser talade Berta ofta om hur ont i benen hon hade. Ibland kunde hon gråta och förklara sin gråt med att hon inte mådde bra. Vid andra tillfällen försökte hon hitta en förklaring till varför människor gör sådana saker som att sparka på någon annans dörr. Då kunde hon säga att hon trodde att de som bråkade ville ha iväg henne. Att de inte ville ha en utvecklingsstörd i huset. Berta gav också uttryck för att hon trodde att andra människor menar att det är tillåtet att bråka med dem som är utvecklingsstörda.

Av Bertas berättelser framgick det att hon blivit utsatt för psykisk mobbning i omedelbar närhet till sin lägenhet, den mest personliga och trygga sfären. Hennes frihet blev hastigt beskuren av denna kränkning och det visade sig i förlorat självförtroende, förlorad tillit till andra människor och en stor osäkerhet inför människors handlingar. Det var svårt för Berta att i ord beskriva den oro och ångest hon kände och det är möjligt att hon projicerade sitt emotionella kaos till det onda i höfterna och benen.

Christer

Christer var en mycket social person på 65 år. Han bodde vid tillfället för övergreppet i en egen hyreslägenhet på en

45

mindre svensk ort. Christer hade tidigare bott på institution och senare i gruppboende. Nu på äldre dagar hade Christer flyttat till en egen lägenhet som han var mycket stolt över och förtjust i. Han arbetade på ett dagcenter men tidigare hade han också arbetat på sina föräldrars bondgård.

Han hade inga släktingar kvar i livet och hans sociala nätverk bestod av arbetskamrater och personal vid dagcentret, en manlig vän med utvecklingsstörning, en kontaktperson samt deltagarna i samtalsgruppen.

En viktig rambetingelse för tolkningen av Christers berättelse var hans personlighet. Han var en mycket mjuk och inkännande människa, som månade om andra människors välbefinnande. Han var stolt över sin nyvunna frihet i det egna boendet och såg fram emot sitt fortsatta liv som pensionär. Hans hobby var att odla blommor. Hans lindriga utvecklingsstörning avslöjades inte i hans yttre eller i hans beteende.

Christers berättelse kom utan några tidigare antydningar om problem eller oro och hans berättelse växte fram med stor svårighet. Det förefoll som om han skämdes för det han hade att berätta.

Han upplevde att han blivit attackerad i affären där han alltid köpte sin mat. Ett par av honom okända personer hade knuffat till hans korg med matvaror, så att allt fallit ut på golvet. Då han böjde sig för att plocka upp en vara, sparkades den undan av en av angriparna. Också de andra varorna sparkades iväg över golvet. Under tiden som detta skedde, tittade andra kunder på, utan att göra något för att stoppa angriparna eller hjälpa Christer. Han förödmjukades och hans nesa exponerades inför passiva åskådare. "Jag förstår inte varför?"

Denna händelse hade upprepats flera gånger och Christer hade fått gå hem utan några matvaror. Han berättade hur han gick hem och försökte tänka ut hur han

46

skulle göra. Slutligen talade Christer med sin kontaktperson. Därigenom ordnandes det så att en person från hemtjänsten alltid följde med honom till affären. Därmed var det slut på hans stolthet och självständighet, det egna planerandet och utförda affärsbesök. Christers berättelse är ett exempel på offentlig kränkning. För Christer blev händelsen dubbelt negativ eftersom övergreppet i sig upplevdes som socialt sanktionerat. Hans integritet skändades och han miste i ett slag sitt nyligen förvärvade men högt uppskattade oberoende.

Följande tre berättelser är hämtade från olika grupper av ALOBIS´ forskningscirklar. Olika erfarenheter som cirkelmedlemmarna valt att berätta om vid våra möten kan visa på liknande upplevelser vid en närmare granskning.

Anita

Anita var en av kvinnorna i den första forskningscirkeln. Hon var medelålders och en livlig och pratsam kvinna. Hon hade ett trevligt utseende och var mycket sökande i sina kontakter med sin omgivning, samtidigt som hon kändes distanserad och ensam. Anita återkom ofta till frågor som: "Varför tycker ingen om mig, riktigt?" och "Varför kan jag inte få någon att stanna hos mig?" Hon hade förstås inga svar och inte vi i gruppen heller. Men hon visade tydligt hur mycket detta betydde för henne och vilken sorg hon kände då de förhållanden hon blev engagerad i tog slut. Och hon sade ofta: "Jag förstår inte varför?"

Anita berättade i början av vår tid tillsammans om sin kärlek. Hon visade stolt upp sin dåvarande pojkvän redan vid mitt första möte med henne. Han i sin tur berättade då för mig hur mycket han tyckte om henne och att de skulle

47

gifta sig. Hon tittade blygt, förtjust på mig och bekräftade detta. Sedan varje gång som vi möttes berättade hon om denne man som för henne var kärlek. Men sedan kom det problem i deras förhållande. Vid ett tillfälle hade han berättat att han skulle gå på dans och inte ville att hon skulle följa med. Då återkom hon till sin fråga om VARFÖR han gjorde så. Gruppens övriga medlemmar sade då till henne att hon skulle kräva att få följa med. De sade till henne att han inte fick vara dum mot henne. Då grät hon och sade sitt: "Men … jag förstår inte varför?" Efter ett tag berättade hon stolt, att de nu hade förlovat sig och att hon var så lycklig så! Hon fick ett halsband med ett hjärta i guld av honom och visade stolt upp detta för oss andra i forskningscirkeln. Alla gratulerade henne i gruppen och hon såg drömskt ut genom fönstret. Men innan vi slutade denna dag så sade hon att de skulle ha träffats den kommande helgen men nu hade han lämnat återbud. Och hon visste inte varför.

Denna kärlekshistoria fortsatte på liknande sätt i en sorts berg- och dalbana tills hon en dag helt kort, med tårar i ögonen, förklarade att de gjort slut. Men trots det hade de köpt julklappar till varandra. Och hon verkade lugn trots allt och berättade att han, killen, redan hade träffat en annan tjej som han var glad i.

Så gick det någon vecka och Anita berättade förtjust att hon nu hade sällskap med en annan kille. Och våra träffar fortsatte att på ett eller annat sätt behandla hennes kärleksrelationer. Vid ett tillfälle berättade hon helt plötsligt om att en av pojkvännerna hon hade haft var den bästa, bra mycket bättre än de hon hade haft nu under vår tid tillsammans. Han hade minsann gett henne massor av saker och varit mycket snäll mot henne. Men varför det tog slut berättade hon inte. En annan kille som hon hade haft berättade hon ibland kom till hennes lägenhet och sparkade på hennes dörr. Han var sur för att hon träffat en ny man, trodde hon. De män hon haft var alla handikappade som hon själv, så som hon uttryckte det.

Börje

Börje, en ung man, berättade i början av den andra ALOBIS-gruppen om sina kärleksupplevelser och om sin längtan efter att finna någon. Hans problem var av flera slag, bland annat var han dels rullstolsburen, dels en person med intellektuell funktionsnedsättning. Börjes önskan var att finna någon som inte var utvecklingsstörd. När vi i denna forskningscirkel delade våra erfarenheter om livet, frågade Gösta, en av hans gruppkompisar, varför det var viktigt att finna någon som var så kallat normal, men Börje kunde inte riktigt förklara det. Vi förde en diskussion om detta att det kunde vara ett problem då man hade olika förutsättningar i livet att mötas och att kunna leva tillsammans. Men Börje upplevde inte det som ett problem.

Vi pratade om hur man kunde finna en vän och gruppkompisen Kajsa föreslog att vi kunde undersöka om det fanns några intressanta annonser i FUB-kontakt, som passade någon i gruppen.

En av de andra deltagarna i hennes grupp, Börje, fann en annons om en ung flicka som ville ha en brevvän. Vi hjälptes åt, han och jag, att skriva ett brev som svar på hennes kontaktannons. Efter ett tag berättade Börje att hon ringt honom och att de fått bra kontakt. Han verkade glad och nöjd. De skulle försöka att träffas. Efter några veckor berättade han att detta blivit ett problem. Börje berättade: "Nu ringer hon jämt till mig och frågar vad jag gör när jag kommer hem! Och hon vill veta allt om mig!" Det blev för jobbigt, så han bad henne sluta att ringa.

Istället fortsatte Börje att gå på dansrestaurang. Där uppvaktades han av kvinnor som ville vänslas. Han frågade därför: "Så hur gör jag nu då när någon vill vänslas, när jag är på dans?" Ingen av oss hade något bra förslag. Börje konstaterade då också, att de flesta som han träffade på så kallade vanliga dansplatser var där med någon annan. Sedan, då de fått litet för mycket i sig, dessa kvinnor som såg honom, ville de gärna sitta i hans knä i rullstolen. Och då blev den personlige assistenten ju orolig att rullstolen skulle välta. "Och det gör ju att det blir litet problem", tyckte Börje. "Och när får man vara i fred nog länge från alla andra för att kunna träffas överhuvudtaget? Det blir självklart svårt att få egen tid om man behöver en personlig assistent för att klara vardagen, det vill säga man behöver egen tid fast man har behov av personal."

Vi diskuterade detta problem och konstaterade att alla borde ges det utrymmet som behövs för att få tid att umgås med andra kvinnor och män i sitt privata liv, även om man är funktionshindrad. Ett annat problem, som han fann svårt att prata om men som ändå var viktigt att ventilera tillsammans i gruppen, var detta: "Vad händer om jag skulle göra någon med barn? Blir dom barnen som jag då?" Det var en viktig fråga för även de andra gruppmedlemmarna. Vi sökte svaren tillsammans.

Catrin

Nästa berättelse handlar också om en kvinna i medelåldern, Catrin. Hon bor ensam i en lägenhet med stöd av bland annat sin kontaktperson. Sin vardag sköter hon idag ensam med stöd av personal och anhörig. Ett stort intresse är att vara ute och resa.

Catrin återknyter till föregående berättelse, på så sätt att hon känner igen denna oro från även hennes föräldrar. Under hela hennes uppväxt då hon hade pojkvänner och senare, manliga vänner på besök, kände hon att föräldrarna var oroliga. Den här situationen, med att föräldrar känner en större oro för sina funktionshindrade ungdomar än då man inte är funktionshindrad, är något som fler känner igen i gruppen. Och när Catrin kände sig kär i någon ung man trodde hon alltid på att dessa män menade vad de sade. Hon blev med barn. Det barnet fick hon inte behålla då det upplevdes omöjligt för henne att klara det själv. I samband med hennes berättelse pratar vi om detta med att bli föräldrar. Catrin känner någon som klarar av att vara förälder fast vederbörande är utvecklingsstörd, men med mycket hjälp. En av de andra vet någon som fick lämna bort sitt barn.

Längtan efter att ha ett normalt liv med barn och med någon att tycka om finns hos dem alla i gruppen, mer eller mindre. Men de kan också inse svårigheterna. "Vi vill ju bli älskade som alla andra, men man blir ju litet rädd. Vi vet ju inte hur vi skall klara detta med sex och samlevnad … det var det aldrig någon som pratade om", säger Catrin. Här bjöd vi in en sex- och samlevnadsexpert för samtal och rådgivning, efter deltagarnas önskemål.

Diana

Följande är hämtat från cirkel nummer tre. Här fanns bland andra en ung kvinna, Diana, som upplevde sig inte bli sedd. Det fanns även erfarenheter av att i ett elevråd inte bli sedd eller lyssnad på, då hennes livserfarenheter skilde sig från de andras.

Diana bor i vanliga fall hemma hos sina föräldrar. Hon är adopterad. Hennes syskon är duktiga i skolan och kommer hem med toppbetyg, så som hon upplever det. Själv går hon i särskola, så hennes betyg är inte lika bra. Hon är blyg och tar tid på sig innan hon börjar prata. Diana berättar om att då hon kommer hem och stolt visar sina betyg från sin skola, så är detta inte värderat till något. Hon känner det som om föräldrarna är besvikna på henne och att hon inte presterar det de förväntar sig. Detta tycker hon gör det svårt att hävda sig gentemot sina syskon på även andra plan. Hon upplever att syskonen får fler fördelar i det vardagliga även om hon är den som kan städa, hålla ordning och hjälpa till rent praktiskt i hemmet. Men Diana kan ju aldrig bli lika duktig som sina syskon och detta tycker hon ofta blir berättat på olika sätt.

Den andra berättelsen handlar om Denise som bor tillsammans med sin pojkvän och har ett gott självförtroende. I gruppen tar hon plats och har lätt att berätta och att lyssna in de andra.

Denise

Denise är vald att representera elever i elevrådet på skolan. Det innebär att hon kan tala bra inför andra och framföra sina och andras åsikter. Men vid några tillfällen talar hon om svårigheterna att vara representant i elevrådet. En gång säger hon till exempel att man planerar inför en skolfest men att ingen tog hänsyn till hennes kommentar om att elevhemmet är stängt på helgen och att det därför vore bra om man inte hade festen på en fredagskväll. Men man bestämde trots hennes försök till protest, att ändå ha festen på en fredagskväll. Det innebar att hon blev tvungen att gå tillbaka till sin klass och sina klasskamrater, de som valt henne, och berätta att de blivit överkörda av de övriga eleverna. Detta var en vanlig företeelse. Denise sade vid något tillfälle att hon önskade sluta som representant i elevrådet, men att man trots allt fick en viss information om livet på skolan för övrigt. Och detta var viktigt eftersom dessa elever annars inte skulle fått veta allt. Som gymnasiesärskoleelever upplevde de ofta att de som grupp inte blev sedda av de andra som fullgoda elever, som att de inte räknades in.

Erik

I samtliga tre grupper nämndes ofta upplevelser av att vara mobbade. Denna mobbning kunde se olika ut och man pratade om det som om det inte var så konstigt att det blev så. Men inte desto mindre gjorde dessa upplevelser ont för de berörda.

Dessa personer har olika ålder och kön. Den första personens berättelse handlar om hans skoltid och den andra berättas av en yngre man utifrån något han upplevde på vägen till sitt arbete en dag.

Erik, den första berättaren, är en medelålders man som har flera tilläggshandikapp. Han är kraftigt byggd och kort. Dessutom har han en sjukdom som skapar problem med att han somnar titt som tätt. Mannen är annars aktiv och har fin humor. Hans självkänsla är god och han är mycket vänlig mot de övriga i gruppen.

Eriks berättade ofta om i början av vår cirkeltid om hur han blivit mobbad. Mobbningen skedde i samband med att han började i en vanlig grundskoleklass och på samma skolgård fanns hans bror. Han berättade om hur han blev retad för att han var så tjock och för att han inte var som alla andra. Brodern såg detta och blev både arg och ledsen. Ofta fick han gå till försvar för sin bror och säga ifrån: "Han är inte som andra så låt honom vara ifred!" sade han, berättar Erik. Vid något tillfälle gick det så långt att pappa fick komma till skolan och tala om för eleverna att nu fick det vara nog. Därefter flyttade Erik till en särskola och det blev mycket bättre.

Elof

Elof är en något yngre man. Han är mycket tystlåten och blyg i sin framtoning, åtminstone i början av vår bekantskap. Han har mycket goda kunskaper om avgränsade delar av det samhälle som han lever och bor i. Dessutom tycker även han mycket om att resa. En dag kommer Elof och berättar mycket upprört om ett gäng unga killar. Elof hade gått helt lugnt på trottoaren, då han mötte detta gäng med unga killar. Dessa började att mucka gräl med honom och ropa idiot, cp-skadad och så vidare till honom. "Det är ju bäst att inte svara dom … för då kan det bara bli värre, eller hur?" säger Elof bekymrat. De andra i gruppen håller med honom, att det är bättre att bara fortsätta och gå. Men det är otäckt tycker samtliga. Detta har hänt dem alla mer eller mindre. "Men det är bara att låtsas som om man inte hör. Du gjorde helt rätt", säger kompisen Britta. Denna händelse känns sorglig för dem allihop. Det är en sak att bli mobbad i skolan, det är för länge sedan. Men Elof berättar om det som hänt idag. Och det är mer skrämmande och oroligt än det som skedde i barndomen.

Stina

Stina är en ung dam som ingår i den andra ALOBIS-gruppen. I början var Stina mycket tyst och blyg, men har under åren utvecklats till en modig kvinna som gärna presenterar det hon vill ha sagt i våra presentationer, dels vid olika konferenser, dels i våra möten med studenter vid Karlstads universitet. Även här orkar hon berätta om hur hon under många år blivit mobbad på sin skola. Hon är mycket ledsen för detta första gången vi får höra hur klasskamrater burit sig åt mot henne. Detta är sår som är svåra att läka. Vi valde på Stinas önskan bjuda till oss och samtala med en kurator om problematiken med mobbningen som Stina fått utstå. Stina säger efteråt: "Så skönt att få berätta om detta!"

Social kompetens

I början av vårt arbete var det mycket "jag" som existerade. Man lyssnade inte gärna på varandra även om man var tyst. Så småningom kom ändå ett intresse av vad de andra tänkte och tyckte och man förde en diskussion om olika tankar som fanns i gruppen. Man kunde ta hänsyn till varandra, man frågade hur andra mådde och man stöttade då någon var ledsen.

I den första forskningscirkeln som jag mötte var det särskilt en av männen som brydde sig om de andra gruppmedlemmarnas behov. Efter några träffar var det en i gruppen som var ledsen över en av sina pojkvänner. Han berättade då att han kände den unge mannen och att det nog var en bra ung man, som hon kunde lita på. De började under vårt möte prata med varandra om saker som hänt henne och han gav sin syn på det. Denne man var den enda i gruppen som hon verkade lyssna på. Samme man mötte en av de andra kvinnorna i gruppen i en diskussion om att få välja var man vill bo. Hon mådde dåligt i sin bostad på grund av olika oroligheter runt boendet och kände sig otrygg. Han föreslog henne då att flytta in på en gruppbostad igen där hon bott förut men hon svarade att hon inte visste hur hon skulle göra. Han lyssnade extra på henne då hon berättade om personalens förslag att hon borde flytta till ett boende för äldre istället och att hon tyckte det var fel eftersom hon inte var gammal än. Han höll med henne och sade att hon hade rätt att välja var hon själv ville. Han sa: "Vi har ju hört att det finns en rättighetslag nu, eller hur?" Han visade på en stark social förmåga, hjälpte de andra i samtalsgruppen och han var den som faktiskt lyssnade på sina medmänniskor här.

I den senaste gruppen är en av de yngre kvinnorna tyst och sluten ibland. Men om någon är ledsen eller bekymrad över något så är hon genast där och tröstar och hjälper till. Om någon häller ut kaffe eller saft så går hon och hämtar disktrasan för att torka upp och om någon ber om hjälp med att skära upp maten så hjälper hon till. Men hon kan också sätta gränser för att hon ibland känner sig utnyttjad.

Många berättelser delades och började ofta som en fråga. En fråga, som eleven Alva ville ha hjälp med, var till exempel: "Jag hjälper till med disken på folkhögskolans elevkök. De andra eleverna får alltid en kopp kaffe och en smörgås när dagens disk är klar, men inte jag! Varför?" Hon började själv ifrågasätta detta efter vårt prat om alla människors lika värde enligt våra samtal om rättighetslagens innebörd. Hon frågade i gruppen: "Varför är det så?"

Deltagarna blev engagerade i frågan och ville förändra för hennes räkning. Så småningom vågade Kurt, en av de äldre deltagarna i gruppen, följa med henne till caféet och vara med vid diskningen, för att stötta henne i hennes anspråk. Självklart tyckte vi övriga i ALOBIS att också hon skulle få kaffe och smörgås efter att hon hade diskat.

När vi träffades nästa gång var vi alla spända på hur det hade gått. Först berättades att Alva än en gång frågat varför hon inte fick kaffe och smörgås som övriga, sedan att hon berättat om vår kurs, där vi samtalat om rättighetslagen och att hon borde få samma som övriga. Kurt, som hade stöttat henne och hävdat att alla har samma rättigheter, nickade bifall. Stolt berättade de då, att Alva fick en kopp kaffe – men ingen smörgås.

Tillsammans fick deltagarna så en reell kunskap om att leva och bo i samhället som funktionshindrad och om rättighetslagens betydelse. Detta genom gemensam reflektion i gruppen angående hur Alva blev behandlad. Med hjälp av deras val av handling, Alva och Kurt, som tillsammans genomförde en praktisk handling som innebar att de kunde påverka och skapa en reell förändring. Denna handling tydliggjorde för dem själva men också för de andra eleverna deras rättigheter – och så fick Alva sin kopp kaffe. Men ingen smörgås.

Kalle, en av de andra deltagarna, var äldre än de övriga och hade erfarenheter av att ha bott delar av sitt liv på vårdhem. Han var ledsen för denna erfarenhet men desto lyckligare för att nu få bo i egen lägenhet, som andra i samhället. Kalle berättade ibland att han hade en egen blomma som han försökte sköta. Det gick bra i början men en dag berättade Kalle: "Min blomma har dött. Den hade nog fått för mycket vatten!"

Han berättade också att det fanns dumma människor. En dag då Kalle stolt hade gått för att handla själv, så kom någon och sparkade sönder hans påsar med matvaror. Ingen hjälpte honom i affären utan alla vände sig bara bort. Det slutade med att han gick hem utan varor och han var mycket ledsen och kränkt efter detta. Så småningom fick Kalle be om hjälp för att handla. Detta innebar att man ordnade från kommunen så att Kalle fick hjälp från hemtjänsten. Stor besvikelse och sorg för honom. Han sade: "Ingen av de andra i butiken, varken personal eller kunder, brydde sig och hjälpte mig!" Detta trots att personal och andra kunder i affären såg detta hända.

Det berättades om många roliga händelser också, men eftersom ramen för våra möten handlade om alla att leva och bo i samhället och människors lika värde, så blev fokus på de berättelser om många orättvisor som man fått uppleva, i denna första ALOBIS-grupp. Berättelserna var ibland att förstå som deltagarnas "handlingar", sådant man oftast aldrig pratat om tidigare i dessa sammanhang. Tyvärr var det mesta av det som upplevts som fel, sådant som vi självklart inte kunde rätta till. Men deltagarna sa att det hjälpte att få berätta.

Så berättade till exempel Asta, en av kvinnorna, att hon nu bodde i egen lägenhet som hon var mycket stolt över.

Och tänk, hon hade en polis som granne. Hennes mamma tyckte det kändes tryggt. Men så en dag trängde sig denna polis in till henne och blev obehaglig och det skrämde henne. Det svåra var att hon inte blev trodd! Men Asta ville inte bo kvar där längre, trots att hon varit så stolt över sitt hem.

Vi samtalade som sagt mycket om den nya lagen LSS och om dess betydelse för deltagarna. Vi återkom till deras kunskap att nej, så hette inte deras lag. Den hette Omsorgslagen. Det tog ett tag att övertyga deltagarna om att den lagen nu var utbytt mot en rättighetslag och den hade börjat gälla från och med 1993-94 och nu var det hösten 1995. Då frågade Marit: "Men varför har ingen berättat det för oss?" Ännu en bra fråga som vi arbetade med att försöka besvara tillsammans.

Att bli sedd och hörd?

Ett annat minne från denna grupp var mötet med Oskar, en ung man som alltid deltog men aldrig sade något. Jag försökte på olika sätt att få respons från honom men han tittade bara i bordet och var tyst. Men Oskar var alltid först på plats när jag kom till skolan, stod och väntade utanför "vårt rum", skulle alltid vara den som öppnade dörren för mig och anvisade mig min plats. När solen sken i mina ögon, reste sig just denna unge man och rättade till persiennerna, så att solen stängdes ute. Oskar skrattade på rätt ställe och såg bekymrad ut då vi talade om problem, men sade ingenting.

Men så en dag sade Oskar något! Vi pratade om hur de ville att vi skulle avsluta vår termin. Skulle jag köpa med en tårta eller skulle jag ta med något annat extra gott, till exempel lussekatter och pepparkakor, kaffe, eller vad ville de ha? Det blev tyst medan de funderade. Men så plötsligt säger Oskar, den tyste mannen: "Wienerbröd! Varma wienerbröd!" Alla tittade förvånat på honom och Kalle sa: "MEN! Du pratar!" Oskar nickade glatt - och så var det med det. Tänk vad några ord kan göra oss glada. Så vi bestämde att jag skulle köpa med mig wienerbröd. Men hur skulle vi få dem varma? "Finns mikrovågsugn!" säger då Oskar, vår tysta deltagare. De andra höll med och lovade visa mig den, när jag kom med wienerbröden. Och kaffe skulle de ordna åt oss. Så gjordes och vi hade en härlig avslutning med varma wienerbröd både till jul och till sommaravslutningen.

Vi skrev minnesanteckningar fortlöpande tillsammans, där deltagarna berättade vad de tyckte vi hade gjort och jag blev sekreteraren som skrev ner deras tankar. Inför avslutningen fotograferade vi var och en, så att de fick sitt eget foto på var sin egen rapport. Rapporterna trycktes upp så att var och en fick ett eget exemplar, som minne av vår tid tillsammans och vårt arbete. Klassföreståndaren bjöd in oss till klassrummet för att ALOBIS-deltagarna skulle få berätta för sina klasskamrater vad vi gjorde. Det hade nämligen frågats vad vi arbetade med då några av klasskamraterna en gång i veckan försvann från sitt klassrum, för att mötas i forskningscirkeln.

Deltagarna berättade att de var nöjda med vår forskningscirkel och Kalle sade vid juletiden 1995: "Du borde bjuda in andra, sådana som vi, så de får delta i en sådan här cirkel för vi har lärt oss så mycket!" Jag svarade med att det var de som hade lärt mig jättemycket och det skulle de alla ha stort tack för! Och jag ville gärna bjuda in andra att delta om deltagarna trodde det skulle finnas intresse.

Denna grupp och jag fick till slut ett år tillsammans, för efter sommaren 1996 skulle några elever sluta och gruppen delas. Vi bestämde då att vi skulle avsluta vår grupp och säga hej då till varandra. Men då hade redan en ny ALOBIS forskningscirkel startat under januari månad 1996 vid en daglig verksamhet i Karlstad. Just såsom folkhögskoleeleverna önskat och föreslagit.

ALOBIS-grupp två börjar 1996, del 1

I januari månads andra vecka 1996 hade jag äntligen fått svar från en föreståndare vid en daglig verksamhet i Karlstad om att jag kunde få komma och berätta om vår forskningscirkel. Jag blev inbjuden till ett möte med alla arbetstagare och med de anställda för att presentera mig och mitt uppdrag. Jag berättade då om mina möten med folkhögskoleeleverna och deras önskan om att fler skulle få delta i en forskningscirkel på så sätt som de gjort. Efter några dagar fick jag veta att det av alla arbetstagare nu satt en grupp på sex människor som väntade på mig på den dagliga verksamheten. Jag var välkommen.

Så startade nästa forskningscirkel Att Leva Och Bo I Samhället, som vi också förkortade till ALOBIS. Detta för att deltagarna tyckte det blev för långt att säga varje gång vi skulle berätta vilka vi var. Vår grupp var ibland fem, ibland sex personer med intellektuella funktionshinder som möttes tillsammans med mig runt ett bord i ett kök på denna dagliga verksamhet. Här berättade jag igen om den första cirkeln och vad vi gjort där men också mer om den lagstiftning som detta handlade om och tankar om lagens mening, såsom, ökad delaktighet, och självbestämmande. Jag beskrev hur jag använt mig av om deltagarorienterad forskningsmetod, det vill säga, att kunna delta på lika villkor – även i forskningen, och att vi möttes i en forskningscirkel. Var de intresserade att pröva? Jo, det var de!

Vi började med att även här presentera oss för varandra med hjälp av vår Fyrklöver. Denna använde vi sedan vid varje möte varje vecka och till slut så glömde jag av den.

Då var det alltid någon som sade: "Du glömde Fyrklövern, Berith." Så då använde vi den förstås. Även här skrev vi minnesanteckningar och jag använde med deltagarnas godkännande en bandspelare i vår grupp. Under de första åren av de 25 år som några av oss har mötts fram till idag 2020, så renskrev jag föregående veckas inspelning och läste upp för godkännande av deltagarna. Detta var omtyckt av deltagarna – men tidskrävande. Under senare år skriver jag bara minnesanteckningar om vad vi bestämt men inte hela vårt samtal. Under ett par år tog Sara, en av kvinnorna i gruppen över denna insats, vilket jag uppskattade.

Lagen om stöd och service (LSS) var ett ständigt samtalsämne även här. Vi talade mycket om deltagarnas rättigheter, om deras behov av att själva få bestämma, att bli sedda och lyssnade på. De såg denna forskningscirkel som ett värdefullt redskap för att bli sedda som de unika människor de är. Och det har varit målsättningen att ALOBIS ska fungera som deras redskap för att bli synliggjorda i det samhälle som de ska dela med andra, på lika villkor. Men också för att kunna politiskt påverka så att villkoren för deras liv blev rättvisare. Hur kan dessa villkor göras så lika som möjligt, med hänsyn taget till funktionshindret? Går det att göra utan att det någonstans blir orättvist?

61

FRÅGOR BLIR HANDLINGAR

Några berättelser och frågor blev översatta till verkliga handlingar av oss tillsammans. Exempelvis handlade en del frågor om att deltagarna ville veta hur lagar som LSS tillkom och vem som bestämde om detta. Vi samtalade över de lagtexter som fanns och pratade ofta om mänskliga rättigheter, olika utredningar och beslut som gällde alla människors rätt till lika villkor. Vi blev inbjudna att delta som ALOBIS-grupp i en statlig utredning runt Bemötandeutredningen. Deltagarna blev mer och mer intresserade av politiska frågor. Och så kom en dag Greta, en av gruppdeltagarna och frågade: "Kan vi inte bjuda in vår socialminister Margot Wallström till vår grupp? Hon kan ju berätta hur förändringar som berör oss har kommit till?"

Orimlig tanke kanske, men vi skrev ett brev tillsammans till Regeringskansliet, presenterade oss och vår fråga, och frågade om hon ville och kunde komma till ett samtal med oss. Det gick många veckor av tystnad, men så en dag på jobbet blev jag blev uppringd av Wallströms sekreterare. Han hälsade från Margot och tackade för inbjudan. Först ville man sända en sekreterare för att ge svaren på våra frågor, men ALOBIS tackade nej till det. Det skulle vara Margot eller ingen alls. Och efter några om och men och många telefonsamtal kom hon så äntligen till ett lyckat möte i Karlstad. Deltagarna ställde sina frågor om hur hon som minister kunde påverka för de funktionshindrades bästa. Svaret de fick var att dessa frågor alltid var viktiga och att man strävade efter att göra livet så gott det gick för människor med funktionshinder. Många frågor blev det och många svar. När vi avslutade vår pratstund tackade hon var och en med ett varmt handslag eller kram och sade: "Tack ska ni ha! Jag har lärt mig massor idag! Det här var det roligaste jag gjort som socialminister, så här långt!"

En annan dag kom Lisa, en av gruppens yngre kvinnor till mötet, satte sig ner och började gråta. "Nej," sade hon, "jag orkar inte mer, nu får det vara nog!" Och vi bad henne berätta vad som hade hänt men hon ville inte säga mer. Vi lät det bero och så här fortsatte det några möten men till slut sade en av kamraterna i forskningscirkeln att nu fick hon lov att äntligen berätta vad det handlade om. Gruppkamraten Catrin frågade: "Vad kan vi göra för att hjälpa?"

Lisa berättade då om hur hon under lång tid blivit jagad av skolungdomar från en närbelägen skola på väg hem från daglig verksamhet. Ungdomarna jagade henne med cyklar och med mopeder, spottade tuggummi i hennes hår och skrek elakheter efter henne. Sedan hade de förföljt henne ända hem till föräldrahemmet. Där hade de vid flera tillfällen slängt tomater, äpplen och ägg på huset. Alla i familjen var förstås skärrade och ledsna över detta. Kristian, en av de andra deltagarna i cirkeln undrade igen: "Vill du ha hjälp? Vad kan vi göra för att hjälpa?" Och efter ett tag sade Lisa: "Jag önskar att polisen skulle komma och ta bort ungdomarna!" Vi samtalade med varandra i ALOBIS om detta och till slut sade Anne, en av kamraterna i forskningscirkeln att hon kände en polis. "Ska jag ringa och be om hjälp, och be att han kommer till oss?" Ja det ville Lisa.

Anne, den deltagare som förmedlade kontakten med en polis, fick till uppgift av forskningscirkeln att inbjuda polismannen och be honom ringa mig, för att bestämma tid. Detta, att jag var mellanhand i dessa kontakter med inbjudna gäster, berodde på att jag hade mobiltelefon och var den som ringde runt till alla inför våra möten. Det hade också att göra med att vi inte ville störa personalen med våra samtal. Deltagarna var vid detta tillfälle alla på samma dagliga verksamhet medan jag som resursperson arbetade som lärare på annat håll och inte kunde komma ifrån när som helst. Det blev billigare för deltagarna men också rent praktiskt det enda som fungerade i våra grupper. Så gjordes och vi hade ett bra möte med de två polismän som besökte oss på daglig verksamhet.

Vi berättade tillsammans om ALOBIS-gruppen och polismännen berättade om sitt arbete. Så småningom berättade deltagaren med mobbningsproblem om sina erfarenheter och att hon bad om hjälp. Polismännen var bestörta och arga och sade: "Men så här får det verkligen inte vara! Så bra att du berättade. Vi vill gärna hjälpa till med detta!"

Så hur kunde de hjälpa henne? Lisa sade att hon bara ville att detta skulle ta slut. Och polismännen gav olika förslag på insatser, där bland annat de tyckte vi skulle be att få besöka skolan och berätta om vilka vi var och vad det var dessa ungdomar ställde till med. De sade också att det var mycket bra att vi tagit kontakt och informerat om dessa händelser.

Vi, Annes kamrater, tyckte det var en bra idé, men Lisa själv vågade inte det. Och det kan man förstå. Då tog polismännen saken i egna händer och pratade med skolan och deras elever om att detta mobbande måste få ett slut. Hur det än blev så slutade trakasserierna upp och deltagaren var nöjd. Samtidigt uttryckte Lisa en önskan om att få flytta hemifrån till en egen lägenhet.

Detta blev en ny fråga för gruppen att arbeta med, vem kunde vi fråga och inbjuda? Så småningom togs kontakter och intervjuer gjordes i denna fråga med Vård- och omsorgsnämndens ordförande, med handläggare, boendeplanerare och så vidare och efter ett tag ordnades frågan och Lisa flyttade in i en egen lägenhet. Mycket lyckade insatser av ALOBIS-deltagarna och med resultatet: en lycklig människa.

På daglig verksamhet fanns det förstås också många frågor som deltagarna ville diskutera med varandra och med särskilt inbjudna gäster i vår cirkel. Vi berättade i olika sammanhang för politiker och tjänstemän om vår forskningscirkel. Vi läste mer om lagen tillsammans som nu gällde inom funktionshinderomsorgen, LSS, och om LASS (lagen om assistentstöd), vilka rättigheter och skyldigheter man hade som samhällsmedborgare. Dessutom pratade vi om FN:s Standardregler och där det bland annat stod om att funktionshindrade har rättigheter att som alla andra få umgås med och lära av människor i andra länder och kulturer.

Detta intresserade deltagarna mycket! Hur kunde vi få kontakt med människor med funktionshinder i andra länder? Vi började undersöka detta och så en dag hände något. Vi blev inbjudna till ett internationellt möte för intellektuellt funktionshindrade i Pieksämäki i Finland, där vi var enda gruppen från Sverige som fick en inbjudan. Vi startade ett stort jobb med att ragga pengar från kommunen och landstinget men summan vi fick in räckte inte till för att genomföra denna resa för hela gruppen, så vi fick tacka nej tack.

Vi fick behålla pengarna vi fått in och för dem gjorde vi många roliga saker tillsammans. Vi startade upp ett 10-årigt samarbete med en daglig verksamhet i Hamar, Norge. ALOBIS-deltagarna ville engagera sin personal i vårt arbete. Så till exempel inbjöd vi med dem och till allas glädje följde några av ansvarig personal för daglig verksamhet i Karlstad kommun med på en av resorna till Hamar. De som möttes i både den norska och svenska personalen lärde sig mycket om varandras verksamheter vid dessa möten. Personal från Hamar följde med sina arbetstagare och jag följde med ALOBIS-gruppen, ibland även någon anhörig. Varannan gång kom denna grupp med sin personal och besökte ALOBIS-gruppen, och nästa gång åkte vi till dem. ALOBIS-gruppen gladde sig åt att vara de som initierat och skapat detta intresse för att lära av varandra och varandras vardagsvillkor mellan Karlstad och Hamar.

Så småningom blev jag kontaktad av en psykolog som arbetade på ett vårdhem i Berlin. Han hade via Ingela, en av mina kollegor vid Karlstads universitet hört talas om ALOBIS-gruppen och bad att få möta mig, för att se om vi kunde finna samarbete. Så en sommardag kom psykologen Curth von Toerne med fru till Karlstad för att prata om hur vi skulle kunna skapa ett samarbete mellan deras grupper på ett vårdhem i Berlin och ALOBIS-gruppen i Karlstad. Mötet blev bra och ett samarbete startade sedan ALOBIS-deltagarna och anhöriga, och även deras personal, accepterat detta projekt. Vi sökte pengar för att ordna möten. Så småningom kom Curth och en doktorand med intresse för empowerment (precis som ALOBIS-gruppen arbetssätt inspirerats av) från Berlin till Karlstad med en buss med sex deltagare med intellektuella funktionshinder. Syftet med mötet var att vi skulle lära oss om varandras livsvillkor i respektive kultur och för att deltagarna skulle få uppleva hur omsorg fungerade i respektive land. Men doktoranden blev gravid och avslutade sina studier. Fortsättningsvis hade Curth hjälp av Ritva, en specialpedagog.

Ritva blev en viktig kontakt för oss alla, då hon kunde tala god tyska och svenska! De tyska gästerna kom på besök hos oss i sex somrar och vi besökte dem tillsammans med några anhöriga vid två tillfällen. Vi lärde mycket, fick resa och lära känna nya människor och kulturer. Sista tillfället var ALOBIS särskilt inbjudna gäster vid en stor sommarfest vid deras vårdhem med cirka 1000 besökare. Ansvarig för verksamheten där berättade i sitt öppningstal för festen om vårt mångåriga samarbete och att vi i ALOBIS-gruppen med anhöriga var hedersgäster. Vid båda tillfällena var det mycket tack vare föräldrars goda vilja och engagemang som deltagarna i ALOBIS-gruppen kunde resa.

VÅRA ANDRA KONTAKTER

Vi i den andra ALOBIS-gruppen hade i början tät kontakt med såväl kommunens ansvariga politiker och tjänstemän för omsorgsverksamheten, som med dåvarande landstingsrådet Catarina Segersten Larsson. En av de frågor vi arbetade med initierades av föreståndaren på deltagarnas dagliga verksamhet. Hon hade varit i kontakt med kommunen och påtalat att biltrafiken var för intensiv och snabb för arbetstagarna, både då de skulle gå och äta och då de gick till busshållplatsen utanför sin dagliga verksamhet. Svaret hon fick från kommunens personalansvarige för trafiksäkerheten här, upprörde oss alla. Man hade nämligen uttryckt en nonchalans för de funktions-hindrades svårigheter att kunna gå fort, särskilt då de blir stressade. "Men då fick de väl skylla sig själva om de inte hann över?" Landstingsrådet informerades och engagerade sig i deltagarnas oro. Vi diskuterade i ALOBIS hur man kunde reagera så, vad gällde trafiksäkerhet vid vår dagliga verksamhet. Här körde bilar, lastbilar och vanliga personbilar, mycket fort. Problemet för arbetstagarna var att man skulle gå över en bred gata för att komma till restaurangen, där man åt lunch varje dag. Detta blev särskilt svårt för några som hade svårt att gå fort eller som hade en synskada. Deltagarna tog alltså upp frågan om trafiksäkerheten vid flera tillfällen och att man ville att vi skulle göra något åt detta problem.

På frågan vad deltagarna "ville" göra svarade man, att man ville att polisen skulle komma ut och kontrollera hur fort bilarna körde. Det var 50 km/tim som gällde men få bilar körde så sakta. Vi blev uppmuntrade att prata med NTF, som kom ut till oss. De lyssnade på deltagarnas frågor om vad man kan göra åt en sådan här situation. Vi erbjöds att låna en fartkontrollmätare. En dag gick vi, hela ALOBIS-gruppen, ut och ställde oss vid sidan om gatan och mätte med fartkameran hur fort bilar och lastbilar färdades. Kontrollerna visade att de flesta körde i 60-75 km/tim. Då beslöt deltagarna i ALOBIS att göra en skrivelse till kommunen, där vi påtalade riskerna och önskade någon form av fartkontroll utanför daglig verksamhet.

Vi tog upp frågan med dåvarande ansvarig kommunpolitiker, som svarade att detta självklart måste ses över. Ett förslag vi fick var att man skulle göra ett gupp, farthinder, i gatan. Ett annat var att ordna ett övergångsställe med ljussignal. Deltagarna tyckte förslaget med ett farthinder skulle kunna vara bra och ett markerat övergångsställe. Samtidigt som vi fick besked om att detta skulle genomföras, fick vi också veta att vår dagcenter verksamheten skulle flyttas! Mycket jobb för oss i ALOBIS-gruppen under flera månader för ingenting. Men man lär sig alltid något. Deltagarna var besvikna men samtidigt stolta över vad de lärt sig och vad de åstadkommit.

Under åren som vi arbetade med ALOBIS blev vi ibland inbjudna att berätta om vårt jobb, bland annat inför kommunens och landstingets politiker och tjänstemän. Vid ett tillfälle var en gymnasiesärskolerektor närvarande. Han tog kontakt efter mötet och inbjöd mig att möta sina gymnasiesärskoleelever för samtal om hur det var att leva och bo i samhället som ung funktionshindrad, boende på annan ort. Vid detta möte med en klass särskoleelever på gymnasieskolan berättade jag om mitt uppdrag och de båda grupper jag fått möta som forskningscirklar. Jag sade att vi mötts i samtal om hur det var att leva och bo i samhället och frågade om det fanns några här som skulle vilja delta. Skolklassen jag mötte bestod av både unga män och kvinnor i åldrarna 20-25 år. Efter några dagar fick jag besked av klassens kursansvarig om att sex unga kvinnor ville möta mig en gång i veckan. Men inte på skoltid utan på kvällen i deras elevhem. Vi gjorde upp om ett första möte, jag kollade tågtider för min resa och så startade forskningscirkel nummer tre.

ALOBIS-grupp tre – Gymnasiesärskoleelever 1998

Deltagarna här var sex ivriga unga kvinnor, pratglada de flesta, och engagerade i frågor om sina levnadsvillkor. Ett par av tjejerna var ivrigare än de andra och tyckte det var tråkigt att vänta in de övrigas frågor och svar. De ville mer än alla andra synas och höras lika mycket och hade svårigheter att lyhört ta till sig hela gruppens behov. Till slut valde de att sluta. Min spontana tanke var då: "Men vad synd. Det som har varit så roligt att få träffas!" Då sade en av de fyra kvinnorna som blev kvar: "Ja inte vill jag sluta! Jag tycker det här har varit intressant! Och det är ju först nu vi kan börja jobba!" Så det gjorde vi.

Frågor om livet samtalade vi om, detta med kärlek, familj och arbete upptog deltagarnas tankar. Politik var också viktigt, då de skulle få rösta för första gången. De diskuterade om att inte rösta på detsamma som deras familj, de ville ha en egen agenda. Sofia, en av dem, sade bestämt: "Jag vill då inte rösta som mamma och pappa! Vilket parti är det som arbetar mest för de funktionshindrades rättigheter?" Samtidigt var de förstås formade av sina föräldrars åsikter. Hur kunde man få svar på partipolitiska frågor som var förståeliga för deras behov? Hon fortsatte: "Vem kan vi bjuda in för att svara på våra frågor?" Vi valde att inbjuda några politiker med olika partifärg till oss och några tog sig tid att komma, trots att vi möttes på kvällstid. Deltagarna framförde önskemål om att få respektive partiprogram på lättläst svenska. Vi tog kontakt med FUB och frågade om de kunde hjälpa oss. De hänvisade oss till FUB-föreningen Klippan i Göteborg som då nyligen påbörjat ett sådant arbete.

En annan fråga här var hur man kan läsa vidare på högskola/universitet efter gymnasiesärskola. Vi inbjöd SYO-konsulent från en folkhögskola och frågade honom hur man kan göra för att läsa upp sina betyg till 'riktiga". Han svarade att det går visst att göra och berättade hur man kan gå tillväga. Vi mötte även studerandeansvariga på Karlstads universitet för att kontrollera och undersöka möjligheter att få läsa särskild kurs med utgångspunkt i betyg från gymnasiesärskola. Detta fungerade då bland annat i England hade jag redan undersökt. Men i Karlstad fungerade tyvärr inte det.

Några elever i ALOBIS-grupp 3 var intresserade av att ta körkort. De undrade hur man gör när man är särskoleelev. Då ingen visste svaret i gruppen ombads en av kvinnorna att ta kontakt med körskolan som fanns i närheten av elevhemmet. Hon ombads ställa frågan från hela ALOBIS-gruppen: 'Hur gör man då man vill ta körkort och går på särskola?'" Efter någon vecka då vi sågs igen frågade alla ivrigt hur det hade gått och vilka svar hade hon fått. Då sade hon: "Hur så? Det var ju jag som frågade och jag fick svaren. Ni kan ju fråga själva!" Kamraterna blev snopna och mycket besvikna.

Deltagarna i ALOBIS-grupp 2 och 3 möttes i gemensam grupp vid ett par tillfällen, bland annat för att göra en resa till Riksdagen i Stockholm tillsammans. En intressant och lärorik resa.

Deltagarna i gymnasiesärskolan ville veta hur den så kallade "normala ungdomen" upplever att leva och bo i samhället. De fick låna min bandspelare och begav sig ut på staden för att söka upp ungdomar för att göra dessa intervjuer. De berättade att de kände sig som riktiga forskare men några ville inte gärna dela med sig av sina resultat. Andra ville gärna dela med sig och detta material blev bra underlag för samtal och diskussioner i gruppen om likheter och olikheter. Vi samtalade också i gymnasiesärskolegruppen om att leva på lika villkor. En av deltagarna ingick i elevrådet på skolan. Hon upplevde att man aldrig lyssnade på henne. Så till exempel planerades alltid för skolfest på fredagskvällar fast hon berättade, att då var särskoleklassens elever tvungna att resa hem, så de kunde aldrig vara med på det som gällde för alla *på lika villkor?* Vi tog upp frågan med klassföreståndaren om det inte gick att anpassa tider men det var övriga gymnasieelever som beslutade.

I denna forskningscirkel nummer 3 diskuterades frågor om framtida arbetsmöjligheter efter att ha avslutat studier i *särskolegrupp*. Vi tog kontakt med arbetsförmedlingen på plats och deltagarna ställde sina frågor om arbete. Det verkade inte så enkelt att få de arbeten som eleverna önskade sig inom vård och omsorg. En av eleverna tog så småningom saken i egna händer och sökte ett arbete i en affär på norska sidan. Hon fick jobbet men fick sluta snart då det krävdes kunskaper hon inte var förberedd för.

Vi avslutade vår tid tillsammans i ALOBIS-grupp 3 till sommaravslutningen 1999 efter ett års samvaro. Det blev en minifest där deltagarna hade bakat en god kaka och bjöd på kaffe i sin elevhemslägenhet. Vi tackade varandra för alla minnen vi fått tillsammans.

Deltagarna i ALOBIS-grupp 3 inbjöds tillsammans med sin lärarresurs, och även ALOBIS-grupp 2 med sin personal, till min disputation i mars 2001. Den video-filmades av en doktorandkollega, så att vi i ALOBIS-grupp 2 och 3 efteråt kunde titta på den tillsammans för att jag skulle kunna svara på deras frågor om vad som hänt. Det var viktigt att se allt på video så att vi kunde prata om disputationen och vad som hade sagts.

FÖRÄNDRINGAR

Jag disputerade på det arbete vi gjort tillsammans och samtliga deltagare i grupp två och tre med personal mötte till min glädje upp på universitetet. En fantastisk dag, där deltagarna fick känna sig stolta över vår gemensamma produkt. En av de medverkande professorerna talade om för mina medforskare hur imponerad man var över deras insatser.

Snart därpå informerades deltagarna i ALOBIS 2 om att deras dagliga verksamhet skulle läggas ned och att de som arbetstagare skulle flytta till en annan daglig verksamhet inne i stadens centrum. Detta upplevdes jobbigt för en del och spännande för andra. Men skulle då ALOBIS upplösas?

Nej, jag ombads av deltagarna att följa med i flytten och vår forskningscirkel fortsatte sitt sökande efter svar på frågorna om att leva och bo i samhället. I samband med flytten slutade ett par deltagare som fick nya intressen, medan nya intresserade av ALOBIS hörde av sig. De nya tog kontakt med mig på olika sätt men oftast med initiativ taget från kommunens personal, då de trodde vår grupp kunde vara av intresse för dem.

Vi berättade då tillsammans för de nya medlemmarna om vad ALOBIS arbetade med och hur vi gjorde. Och den nya personen fick tillfälle att berätta om sig själv, så att vi helt kort fick lära känna varandra lite grann. Efter ett tag beslöt man tillsammans om detta var en bra idé och intressant förändring eller inte för både individen och för gruppen. Tillsammans beslöts att detta ville man fortsätta med och så var vi sex deltagare och så jag, igen. Vi fick andra mötesplatser i en daglig verksamhet ute på stan först, men då vi till slut ombads flytta på oss, så frågade jag på Karlstads universitet om vi fick låna lokal där. Det fick vi eftersom vi tillhörde en forskande grupp hemmahörande vid Karlstads universitet.

Kommunaliseringen av sociala omsorgsverksamheter såsom daglig verksamhet, gruppbostäder, särskoleverksamheter osv genomfördes i Värmland med början 1994-96. Förändringsarbetet utvärderades runt om i Sverige och så även i Värmland. Utvärderingen genomfördes dessutom med hjälp av en enkätundersökning under tre år förutom genom dessa tre forskningscirklar. Här redovisas endast några av alla berättelser från dessa forskningscirklar.

Den sista ALOBIS-gruppen: ALOBIS 2, del 2.
(Sara, Laila, Per, Karin och Berith)

Sedan några år tillbaka är vi ungefär samma medlemmar fortfarande i vår ALOBIS-grupp 2. De som tyvärr inte finns i vår grupp längre är dels Charlotte som avled helt hastigt. Dessutom slutade Annelee som var en av dem som var med från starten i ALOBIS 2. Annelee berättade att hon fått så mycket annat att göra så hon kände att hon inte orkade längre ingå i vår grupp. Vi bjöd på mat och hade en liten avskedsfest för henne och tackade henne för vår tid tillsammans. De som finns kvar är:

Sara, som också har varit med ända från våren 1996. Detta var i början en mycket blyg tjej som inte gärna sade något i gruppen. Men hon var alltid redo med att förse oss med kaffe och bröd, att göra det trevligt för oss alla vid våra möten. I och med andra att vi fick besök första gången från våra vänner i Hamar, så överraskade Sara oss alla med att helt plötsligt ställa sig upp, och utan att jag visste om det sade hon med stark stämma: "Jag kan berätta om vad ALOBIS är och vad vi gör!" Presentationen var mycket bra och hon var stolt över att hon vågade. Sara var också aktiv i anordnandet av vårt första besök i Riksdagshuset, där hon varit med och ordnat en rundvisning för oss. Hon kände nämligen en av politikerna som tog emot oss. Sara har också drivit frågor om hur man får stopp på mobbning, då hon av egna erfarenheter vet att detta är avskyvärt. Sara har älskat våra resor och har idag lätt för att prata inför grupper.

Laila är idag pensionerad. Hon är synskadad från födseln. Hon började i vår ALOBIS-grupp 2, år 2000. Hon presenterar sig gärna med att berätta: "Jag är en skyddsängel. Tycker inte om när folk är dumma mot varandra! Min syster är med på våra resor, och det tycker vi om båda två." Laila har ett fantastiskt minne och kan alltid berätta för oss andra i gruppen om vi glömt något av allt vad vi gjort eller vad vi beslutat. Laila tycker också om att sjunga i kör och att gå i kyrkan.

Per är idag 40 år och blev medlem för 16 år sedan i ALOBIS. Han kom till oss med en färdig projektidé som handlade om att skapa ett IT-café för både funktionshindrade och icke funktionshindrade, ett café där man kunde mötas med gemensamma intressen. Vi började med att engagera professor Henry Cöster vid Karlstads universitet i detta arbete tillsammans med professor John Sören Pettersson och hans doktorand Louise Ulvhake. Louise hade redan arbetat med liknande tankar i det så kallade OZ-labbet vid Karlstads universitetet, där hon var aktiv. Vi lyckades också med att få med ett par engagerade funktionshinderintresserade forskare från andra universitet i Sverige att stötta projektet. En ansökan skrevs till KK-stiftelsen (Kunskaps-och kompetensutveckling) för att söka forskningsmedel. Efter ett tag togs kontakt från ett par forskare vid berörd forskningsinstitution. De kom till oss i Karlstad och ville får prata bland annat med Per om hans idé. Det var positiv feedback på projektet från dem men vi skulle söka ett dataföretag i Karlstad som kunde jobba med det praktiska genomförandet. Företaget vi tog kontakt med var intresserat men ansåg att det inte fanns någon vinst med projektet. Så efter lång tid fick vi ge upp.

Per har också kämpat tillsammans med oss andra i ALOBIS för att bland annat utveckla daglig verksamhet så att det liksom i Söderhamn och i Hamar även skulle innefatta musik och teater. Detta har nu blivit sant även i Karlstad kommun. Per vill också arbeta för att utöka kontakterna som vi sedan tidigare har med politiker i kommun, landsting och riksdag. Vi har fortfarande god kontakt med några av dem men även bland annat såväl socialdemokratiska som moderata riksdagsledamöter idag.

Karin är en viljestark kvinna med ett enormt bra minne. Hon anslöt till ALOBIS 2 för ca 16 år sedan. Hon är en ganska tyst tjej men hon vet vad hon vill. Hon gillar våra resor, gillar att träffa nya människor och vill att det händer något hela tiden. Karin bryr sig om oss andra och försöker hjälpa då hon kan. Hon tycker också det var roligt med vår ALOBIS-konferens och att vi nu ska skriva vår bok.

Jag, **Berith,** är bland annat utbildad ålderdomshemsföreståndare, lärarutbildad, verksam adjunkt/lektor i ca 30 år, disputerad i ämnet pedagogik, före detta lektor i social omsorg/socialt arbete, projektledare för ALOBIS sedan begynnelsen.

ALOBIS OCH FORTSÄTTNINGEN

ALOBIS har arbetat vidare med deltagarnas olika frågor om att leva och att bo i samhället. Vid en av våra sommaravslutningar valde vi att mötas på min veranda för att samtala om vad vi gjort under våren och äta en sommarsallad. Till detta möte hade vi inbjudit den socialdemokratiska kommunpolitiker som vi just då hade mycket kontakt med, Christian Nordling. Vi berättade för honom om våra önskemål att bland annat kunna göra en ny resa tillsammans i ALOBIS men att vi saknade pengar för att göra detta. Då föreslog han att vi borde bli en ideell förening. Som sådan skulle vi kanske kunna söka pengar. Vi tackade honom för hans förslag och beslöt att tillsammans bilda en ideell förening. Efter ett tag blev vi så "Den Ideella Föreningen ALOBIS" året 2008. Medlemmar i föreningen, förutom oss som jobbat och som utgör föreningens styrelse, har varit anhöriga, gode män, personliga assistenter, studerande, andra intresserade, osv. Våra årsmöten har varit välbesökta.

Vi har sökt svar på våra frågor om samhället och de problem som kan uppstå för personen med intellektuella funktionshinder i kontakter med samhället. Under åren har samtal förts med ordförande i Karlstads kommuns Kultur- och fritidsnämnder under årens lopp om möjligheter att besöka badhuset då man har behov av hjälp av personliga assistenter, bland annat.

I början av projektet ALOBIS hade vi mycket goda kontakter med Socialnämndens ordförande, Kultur- och fritidsnämndens ordförande och så även landstingets representanter har engagerat sig i vårt arbete. Många intressanta möten med Christian Norlin har glatt oss under vägen. Vi har dessutom under senare år inbjudit Marlene Kopparklint i hennes roll som kommunalråd för Karlstad kommun. Nu under senare tid har vi fortsatt kontakt med henne i rollen som riksdagsledamot för Moderaterna. Både hon och riksdagsman Mikael Dahlkvist för Socialdemokraterna i Värmland har varit viktiga samtalspartners för ALOBIS-gruppen vad gäller våra olika frågor angående funktionshinderomsorg.

På Karlstad universitet har vi samtalat ofta med professor Henry Cöster angående ALOBIS och vår verksamhet och vår tyska kontakt med Curth von Toerne. Vi har också haft många samtal med Patrik Bångerius i hans roll som innovationsrådgivare då vi försökte patentskydda begreppet ALOBIS. Han blev då engagerad i vårt arbete och var till exempel även med på vår resa till Söderhamn samt deltog som gäst vid vår ALOBIS-konferens. Slutligen vill jag tacka professor Bengt G Eriksson för långvarigt stöd och professor Irene Johansson som antog mig som doktorand.

Styrelsen är idag de ovan presenterade personerna. Vi fem personer (jag själv inräknad) känner varandra ganska bra i dag. Vi tycker om att mötas och göra aktiviteter tillsammans. Våra aktiviteter och resor där bland annat Karins, Saras, Pers och Lailas anhöriga är engagerade och där Pers personliga assistenter gör en stor insats.

Att känna saknad

Våren 2015 hände en tragisk händelse i vår ALOBIS-grupp. Som jag tidigare nämnt dog Charlotte, en av våra engagerade medlemmar, helt hastigt. Hennes pappa var vänlig nog att meddela mig innan annonsen kom in i tidningen, så att jag fick chans att meddela deltagarna i lugn och ro. Vi kände stor sorg och saknad efter henne. Vi samtalade och gör så fortfarande ofta om henne och hon finns fortfarande kvar i allas våra hjärtan. Hon gillade att resa, kunde samtala med våra vänner i Berlin på engelska, ville vi skulle diskutera med överförmyndaren i Karlstads kommun och med olika politiker. Så vi inbjöd olika riksdagsmän från Värmland, intresseorganisationernas representanter för att föra samtal angående villkoren för att få en God man. Ja, hon var en driftig kvinna, som hade blivit en kär medlem i vår grupp och tillförde mycket genom sin omtanke om oss andra. Hennes pappa körde ofta den minibuss vi brukade hyra för våra resor till Hamar, Arvika, osv.

ATT FÅ VARA DEN MAN ÄR

Forskningscirkeln ALOBIS har arbetat med just frågeställningar om hur det är, eller borde vara, att leva och att bo i samhället (i Sverige) som intellektuellt funktionshindrad, sedan rättighetslagen LSS tillkommit. Lagen uppfattas finnas som ett stöd för att samhället ska erbjuda ett liv i delaktighet, på så lika möjligheter som möjligt för även i detta fall, personer med intellektuella funktionshinder.

Kommunaliseringen av omsorgsverksamheter såsom daglig verksamhet, gruppbostäder, särskoleverksamheter genomfördes i Värmland med början 1994-96. Förändringsarbetet utvärderades runt om i Sverige och så även i Värmland. Utvärderingen genomfördes med hjälp av en enkätundersökning under tre år samt med hjälp av tre olika forskningscirklar. Här redovisas några resultat från dessa forskningscirklar.

Vi inbjöds att vara mötesplats vid Karlstads universitet för avslutningen av ett rikstäckande arbete med *Brukarstyrd forskning*, då vi i ALOBIS ansågs vara den första forskningscirkeln i Sverige (startade 1995) som bestod av personer med intellektuella funktionshinder, som arbetat med en och samma forskare hela tiden. Men vi har aldrig erhållit forskningsmedel för något av våra projekt trots att det under några år ansågs vara värdefullt att brukare var drivande i projekt som fick forskningsmedel. I denna vår specifika forskningsansökan om att få starta ett IT-café som Per, en av deltagarna initierade, hade vi lyckats engagera fyra olika professorer med olika dignitet inom

81

just funktionshinderforskningen som medsökande. Ändå fick vi avslag.

Forskare blir ofta inbjudna till olika forskningskonferenser. Då får man skriva en sammanfattning av det arbete man gör och beskriva hur man gör och varför. Det finns olika forskningssamarbeten runt om i världen med inriktning på funktionshinder där man lär sig om och av varandra. Många ansökningar har skrivits av mig som ansvarig forskare för våra olika projekt i ALOBIS och till vår glädje har det varit stort intresse för arbetet med ALOBIS. Ibland har jag skrivit sådana ansökningar där även deltagarna varit medräknade som medforskare. Tanken har då varit att deltagarna skulle kunna följa med och delta i konferenserna, trots att konferenserna för det mesta var på engelska. Men dessa konferenser kostar pengar och universitet har vänligt bidragit till forskarens, det vill säga min egen resa och medverkan, men ej för hela gruppen.

ALOBIS fick möjlighet att delta på en forskningskonferens i Quebec, Kanada. Deltagarna ville tillsammans med mig söka pengar för att kunna delta som forskningscirkel. De anhöriga stöttade denna önskan. Ansökan skrevs till en stiftelse som muntligt lovat stödja vår önskan. Ansökan avslogs.

Vid ett annat tillfälle fick jag fick en inbjudan att berätta om vårt ALOBIS-projekt vid en INTRA-konferens i Stockholm. Då detta berättades på ett årsmöte i den ideella föreningen ALOBIS ville föräldrarna att även deltagarna skulle vara med. Efter många mejl och samtal gick Riks-FUB med på detta och vi gjorde en gemensam presentation i ALOBIS-gruppen inför ca 400 besökare. Deltagarna tyckte detta var mycket roligt och deras medverkan fick stor uppskattning av några av besökarna vid INTRA-konferensen, av vilka några sökte kontakt med oss direkt efter.

Förutom denna presentation av hela ALOBIS-gruppen har vi deltagit i undervisningssammanhang på Karlstads universitet, vid forskarträffar och vid en egen ALOBIS-konferens våren 2015. Denna sista konferens var en önskan sedan länge från ALOBIS-deltagare och deras anhöriga och blev så, efter mycket arbete, äntligen möjlig med hjälp av Karlstad kommun i samarbete med Karlstads universitet.

Under några år fick vi kontakt med projektet *Olika Avtryck* från Arvika. Vi har under några år haft viss samverkan med delaktighet i varandras projekt och detta till ALOBIS-deltagarnas stora glädje.

Under hela vår existens har kontakter tagits med FUB Karlstad, Forshaga, Grums och Hammarö och till vår glädje har mer samverkan blivit möjlig under senare tid. Då vi tidigare mötts på Karlstads universitet blev detta mer problematiskt i och med att jag slutade arbeta där. Då föreslog en av deltagarna att vi kunde fråga FUB i Karlstad om vi kunde låna en lokal där. Vi är alla stödmedlemmar. Det har nu fungerat bra under några år.

Många frågor har återkommit i våra forskningscirklar under årens lopp. Vilka rättigheter har man egentligen enligt LSS? Ofta kommer deltagarnas frågor om vad lagen kan innebära för personen med intellektuella funktionshinder. ALOBIS har på olika sätt bearbetat dessa frågor med att delta i skrivelser till politiker, inbjuda politiker och tjänstemän för att få svar på olika frågor. En fråga som vi bearbetat handlade om hur man ordnat så att man i badhuset som funktionshindrad ska ha tillgång till bad och habilitering på lika villkor. Denna fråga har tagits upp i möte med ansvariga politiker i Kultur – och fritidsnämnd och vi har fått svar på att tillgänglighets-frågan diskuterats i nämnden. Strax efter nyår 2017 fick vi svaret att man nu lyssnat på oss och förändring genomförs.

Många gånger har frågan ställts: Vad är forskning? Att söka svar på frågor som är samhälls- eller individintressanta, som ger sådan ny kunskap som människorna i samhället behöver för att kunna skapa ett samhälle för alla? Hur söker vi den kunskapen? Hur sprider vi den? Deltagarna och deras anhöriga har önskat att vi ska skriva vår bok, berättelsen om ALOBIS. I en del andra länder som till exempel i England, Irland och Australien är det vanligt att personer med intellektuella funktionshinder är delaktiga i forskning som berör deras livssituationer så som vi prövat här. Jag som forskare har ofta under årens lopp varit inbjuden till olika forsknings-konferenser där jag deltagit som forskare med en muntlig presentation om arbetet vi gjort i ALOBIS. Vid flera tillfällen har då forskarkollegor och professorer från till exempel Irland, England, Tyskland, och så vidare, lyft fram vårt arbete som mycket intressant. Man har då efterfrågat artiklar. Nu blir det kanske en bok istället.

Kanske en bok?

Detta är ett försök att göra en sammanfattning av olika berättelser och aktiviteter som återkommit vid och i våra samtal i ALOBIS, vecka efter vecka. I dessa tre grupper har sammanlagt 23 vuxna personer med intellektuella funktionshinder (lindrigt utvecklingsstörda) berättat om sina livssituationer, bland annat om övergrepp som inneburit allvarliga konsekvenser för deras väg in i samhället. Dessutom pratades det om längtan efter kärlek, men också om mobbning och att inte bli sedd. Glädje och stolthet inför eget boende och optimism inför framtiden förbyttes ibland mot oro, ensamhetskänslor, minskat självförtroende och tillit mot andra samt en pessimism inför möjligheten att klara framtiden på egen hand.

Bristen på kunskap om rädslor hos människor med intellektuella funktionshinder har tidigare belysts. Det fanns en hjälplöshet inför att inte bli trodd eller sedd som den man är. Ibland upplevs livet som samhällsmedborgare som att vara någon som andra kunde behandla hur som helst. Det fanns en misstro mot och besvikelse på andra men också på sig själv. Det fanns uppgivenhet eller flykt undan problemen och situationerna där de uppstod, eftersom man inte kunde se en lösning på problemen eller skämdes så man vågade inte berätta om det?

Okunnigheten i samhället om vuxna med intellektuellt funktionshinder är ur vissa aspekter stor. Mörkertalet för till exempel mobbning och olika sorters övergrepp är antagligen betydande. Visserligen har sexuella övergrepp diskuterats under en tid men forskning som inriktas på att belysa de effekter som övergreppen har på offren samt de processer som leder fram till övergreppen vore välkommen. Livet att upplevas som annorlunda kan vara svårt att förstå då man har intellektuellt funktionshinder.

UTMANINGAR

Samhället står inför en pedagogisk utmaning, att möta varje individ, där hon/han befinner sig, att *möta* människan med hänsyn taget till det unika livet med ett funktionshinder.

Dagens barn med intellektuella funktionshinder måste erbjudas en bättre förberedelse inför ett vuxenliv i samhället än de som är vuxna idag har fått. Inte minst skolan har ett mycket stort ansvar att ge individen en positiv självbild, ett språk som fungerar i både tänkandet och samtalet, samt sådana kunskaper och insikter om normer och värderingar som gäller i samhället. Sådant som man som samhällsmedborgare anses ska kunna, det bör det finnas tid och engagemang även från oss andra att förmedla i naturliga, dagliga kontakter och det behöver fyllas på och tränas fortlöpande.

Än större ter sig samhällets ansvar att se till att vi andra tvingas eller ges möjligheter att träna upp vår förmåga att uppmärksamma behov hos andra, att leva oss in i andras upplevelser och att kunna möta andra människor i deras behov och upplevelser även om dessa avviker från våra egna. De besparingar som nu sker i samhället drabbar ibland väldigt hårt personen med intellektuella funktionshinder, de anhöriga, personal och samhället. För välfärd och social omsorg behöver alla.

Vår avslutning med ALOBIS...

Begreppet normalisering har en politisk innebörd som handlar om rättvisetanken. Det innebär att samhällets resurser i solidarisk anda, som tidigare nämnts, fördelas lika mellan stark och svag, mellan rik och fattig, funktionshindrad eller inte, gammal eller ung, osv. Detta är grunden för att kunna leva ett liv i gemenskap med andra, att man får så lika förutsättningar som andra samhällsmedborgare, trots sitt funktionshinder, så långt detta som det är möjligt – utifrån! Integrering är ett medel för att nå normalt liv men även ett mål i sig.

Den sista delen av vår arbetsprocess i ALOBIS kom att handla om dels att fortsätta med några av de politiska frågor som tidigare väckts av deltagarna; det var tankar och frågor om daglig verksamhet, om vad som händer vid förändring av ekonomiska villkor, de förutsättningar och de begränsningar detta innebär, dels önskningar om att göra en ALOBIS-konferens och att skriva denna text som skulle bli vår ALOBIS-BOK.

Inför detta avslutande arbete i ALOBIS är vi idag alltså, med mig inräknad, fem personer kvar. Året 2016 gjorde jag en intervju med de kvarvarande fyra deltagarna. Här återges delar av dessa intervjuer som gjordes med Laila, Per, Karin och Sara. Men först några ord om vår ALOBIS-konferens.

ALOBIS-KONFERENSEN

Då vi hade årsmöte i Den ideella föreningen ALOBIS diskuterade vi om vi skulle kunna genomföra en egen konferens. Jag fick till uppgift att undersöka kommunens och universitets vilja att hjälpa oss. Vi fick ett positivt bemötande från såväl kommunen som Karlstads universitet. Vi planerade tillsammans i ALOBIS-gruppen hur vi ville dagen skulle vara. Var skulle vi fika, äta mat och vilka skulle vi inbjuda.

Tack vare ekonomisk hjälp från Karlstads kommun och Karlstads universitet kunde vi anordna vår ALOBIS-konferens. ALOBIS-deltagarna var mycket stolta då föräldrar, gode män och personal tillsammans med studerande och övriga intresserade deltog i denna dag. Vi hade bjudit in vice rektor att inleda och hälsa välkommen. Därefter tackade vi i ALOBIS för att man kommit för att dela denna dag med oss. Så presenterades vi oss i ALOBIS tillsammans, berättade vilka vi var, vad vi gjort och gjorde och att det var *vår dag* denna dag. Dessutom hade vi inbjudit representanter från kommunens omsorgsverksamhet. Vi hade också inbjudit kommunalrådet Marlene Kopparklint, som vi ofta haft möten med under åren, men hon fick tyvärr förhinder. Vi var glada att psykologen H G Storm ville delta. Han imponerade som alltid med en mycket uppskattad föreläsning och avslutningsvis hade vi glädjen att bjuda på skönsång av Lena Maria Vendelius. Saras pappa var vänlig nog att ge oss i ALOBIS några uppskattande ord om vårt arbete. Detta var överraskande och gladde oss mycket.

En av föräldrarna var vänlig nog att ge oss i ALOBIS ett överraskande stort beröm för vad vi gjort under åren! Detta uppskattades av oss i ALOBIS. God mat och härlig stämning rådde hela dagen. Stort TACK till alla medverkande, publik, Karlstads kommun och Karlstads universitet!

VÅR BOK

Vi har sökt medel för att möjliggöra att vår bok skulle bli skriven. Ansökningar har gått till olika instanser såsom Allmänna arvsfonden, Karlstads kommun, Karlstads universitet, osv, utan resultat. Då tog vi kontakt med en socialdemokratisk riksdagsman från Värmland, Mikael Dahlqvist, för att få hjälp att söka pengar för att kunna skriva vår bok. Han var vänlig nog att bjuda med oss till riksdagen för ett studiebesök men även för att få till stånd ett möte för oss i ALOBIS med representanter för Socialdepartementet. Här fick vi presentera oss, vår grupp och vårt projekt. Vi fick samtala om våra frågor om hur vi skulle kunna söka bidrag till bokprojektet. För några av oss har ju vårt arbete tillsammans fortsatt under nu mer än 25 år.

Tyvärr har vi ännu inte fått några medel för bokprojektet. Istället har jag skrivit denna text i samverkan med teologie doktor Margareta Brandby-Cöster, Curth von Toerne, med hjälp av våra minnesanteckningar från tiden med ALOBIS, från samtal med deltagarna i *Den Ideella föreningen ALOBIS* samt mina egna tankar och minnen.

Vi uppmuntrades att kontakta studieförbundet SENSUS med vår önskan att få hjälp med att berätta i text om vårt ALOBIS-arbete. Vi fick kontakt med representant för SENSUS i Göteborg. Han besökte oss och sade han trodde på att han skulle kunna hjälpa. Vi blev inbjudna till SENSUS lokaler i Göteborg och reste dit med hela gruppen inklusive några föräldrar för att få klart hur vi skulle kunna ha glädje av varandra. Därefter har den kontakten, liksom många andra under åren, tyvärr runnit ut i sanden.

Som redan beskrivits så kan en forskningscirkel förklaras som att människor samlas, samtalar om frågor de har och tillsammans bearbetas dessa frågor med hjälp av olika valda redskap, redskap som passar just dem som deltar. En forskare samordnar och ansvarar för att forskningsmetoder används. Det är en grupp som väljer att delta i denna cirkel som ska arbeta på ett demokratiskt arbetssätt, det vill säga, allas röster är lika mycket värda. Det handlar här om att teori möter praktik i reflektion över vad som sker i möten mellan människor med olika förmågor. Alla lika mycket värda.

Vad vill vi med denna text?

Vi vill ge en historisk återblick på över 25 års arbete i ALOBIS. Genom att återberätta några minnen vi skaffat oss genom åren. Genom att ha författat denna text tillsammans så har här redogjorts för några deltagares erfarenheter i deras berättelser om att leva och bo i samhället. Kanske även något om varför ALOBIS varit viktigt för oss. Denna text har i omgångar berättats för alla deltagare. De har sagt vad som känns rätt och om något bör ändras. Så har även anhöriga fått läsa texten och sagt om den är okej.

Under så många år händer det att man tröttnar, vill göra annat än mötas i ALOBIS-gruppen, och därför har några förstås slutat. Men några är fortfarande kvar och är glada över vår tid tillsammans. Här kommer delar av ett av våra samtal inför den här bokens sammanställning.

91

SAMTAL MED
DEN NUVARANDE
ALOBIS-GRUPPEN

Då vi i ALOBIS 2, del 2, är de som mest önskat skriva vår bok så presenteras dessa fyra deltagare helt kort här följt av några kommentarer. Svaren är insamlade vid en personlig intervju och de har gett sitt tillstånd till återgivandet.

Lailas berättelse

Samtalet med Laila kom att handla om att hon är född med en synskada som påverkar hennes liv. Därför fick hon redan som sjuåring åka ända till Lund i Skåne för att börja en skola för synskadade. Här var man inte alltid så snälla mot Laila och hennes klasskamrater. De fick ofta stryk.

Laila berättar bland annat om situationer då hon varit skyddsängel för andra elever som också mådde dåligt i skolan i Lund. Hon säger bland annat: "Ja, det var den här killen från Falkenberg, som jag tog hand om och som jag tyckte om. Han behövde min hjälp". Hennes föräldrar fick till slut nog av att Laila vantrivdes så och vidtalade skolans rektor, så att hon fick flytta och börja i skola i Örebro istället.

Hon säger: "Min mamma skrev brev till styrelsen på skolan för hon ville det skulle bli slut på det där med dålig hantering av mig. Ja, hon härjade, det gjorde hon. Så i maj 1965 blev jag inkallad till rektorn. Då trodde alla att jag skulle få bannor för att jag gjort något dumt! För annars fick man ju inte komma till rektorn. Men tji fick de som pratade om att jag gjort något fel. De märkte ju hur glad jag var när jag kom ut från rektorn och så undrade de förstås. Jag berättade att samtalet med rektorn handlade om att jag skulle få möjlighet att byta skola, och att jag var glad för det."

Jag frågar vad hon tycker om att skriva vår bok avslutningsvis. Laila svarar: "Att skriva vår bok - jätteroligt! Tänk, första gången vi sågs (du och jag) var nu för många år sedan!"

Pers berättelse

Jag åkte så och fick träffa Per i hans fina lägenhet. På frågan om vem han är svarar han: "Jag är en kille på 40 år. Varit med i ALOBIS i 16 år för jag vill påverka det samhälle som jag lever i, i de frågor som intresserar mig. Vi har påverkat i en del frågor tycker jag. Jag har en unik plats i ALOBIS tycker jag för jag är den ende som sitter i rullstol med särskilda kunskaper som det för med sig. Jag är ung, jag är kille, har en CP-skada och har spasticitet. Ibland är det svårt för mig att uttrycka så alla förstår." På min fråga hur Per ser på vår bok säger han: "Vi har ju jobbat en del för det här med daglig verksamhet, och där har ALOBIS varit viktiga." Jag undrar om Pers engagemang i ALOBIS och allt annat han gör, kan bli för jobbigt för honom. Per svarar: "Men - det har också hjälpt mig att hålla mig uppe. Om jag inte hade detta skulle jag sitta hemma och må dåligt." ... "Allt vi gjort för att påverka och förbättra daglig verksamhet med Musikverksamhet som jag tjatat om – och nu är det sant! Det har skett!!! Och jag gillar vår gemenskap i den här ALOBIS-gruppen!" Per avslutar: "ALOBIS har betytt jättemycket för mig! Det vore roligt om andra kunde göra på liknande sätt som vi i ALOBIS!"

Karins berättelse

Vem är du Karin, frågar jag. Karin säger: "Jag är en tjej på 45 år som bor här i Karlstad. Men kommer från Filipstad. Jag har varit med i ALOBIS i 16 år. Jobbar på daglig verksamhet och trivs med det. Trivs med att röra mig mycket, jag är glad och trevlig! Fick syrebrist i hjärnan då jag föddes, men har inga problem med det. Är bra på att minnas!"

Karin började i ALOBIS eftersom en tjej på hennes jobb berättade om oss. Hon ser fram emot våra möten. "Jag är sekreterare tillsammans med Sara i vår ideella förening! Jag tycker resorna vi gjort varit mest intressanta. Och vår ALOBIS-konferens blev bra! Det tyckte mamma också! Det roligaste av allt var kanske vår sista resa till kompisarna i Berlin, när de hade en stor extra fest för bara oss i ALOBIS! Det var jättevarma dagar. Men så roligt! Det var ju extra roligt att mamma var med!"

Saras berättelse

Vem är du? "Jag heter Sara, är 45 år och är på extern daglig verksamhet här i Karlstad. Jag har varit med från början, dvs sedan 1996! Jag har Downs syndrom, men klarar allting själv. Behöver jag hjälp finns det alltid någon som hjälper."

Sara är som sagt för det mesta en glad människa, nöjd med sitt liv. Hon berättar: "Jag är bra på många saker kan jag säga. Jag är aktiv, har bra umgänge, gör sådant jag tycker om att göra, har bra kompisar både i Karlstad och på andra ställen. Jag har en bra pojkvän och en bra familj. Jag tränar mycket och jag trivs gott i min lägenhet. Vill gärna göra olika saker och trivs med livet! Saknar vår kompis (Charlotte) i ALOBIS som gått bort! Men annars är jag nöjd med det här att vi ska skriva vår bok, en ny utmaning! Jag är ju sekreterare tillsammans med Karin i vår ideella förening. Och jag vill fortsätta med ALOBIS, det vill jag! Och gärna bjuda in fler människor till oss, det tycker jag är intressant!"

Och så jag, Berith, om vårt försök

Jag har varit projektansvarig sedan 1995. Ett försök att beskriva och sammanfatta ett redskaps användning i relation till tre grupper personer med intellektuellt funktionshinder har inneburit många fallgropar. Frågor som: Har jag missförstått vad vi sagt, vad vi gjort och vad det blivit av vår ALOBIS-tid tillsammans? Fungerar detta redskap, det vill säga forskningscirkeln ALOBIS, så som jag uppfattat det? Tänk om jag ser i syne och inbillar mig alltihop? Jag har avsett att vara ärlig i mina beskrivningar av vad vi gjort tillsammans. Jag har försökt att etiskt väga och värdera vad medlemmarna önskat och förmedlat av sin egen vilja. Vi har agerat utifrån deras önskemål och med deras bästa för ögonen.

Svårigheter finns det många som redan nämnts. Besvikelser över medlemmarnas agerande i olika sammanhang, besvikelser från dem riktat dels mot samhället, dels mot varandra – dels mot mig. Visst har jag upplevt tider av rent misslyckande med min insats och av misstro mot detta redskap ALOBIS. Empowerment – vad då? Har gruppernas medlemmar verkligen velat bli delaktiga och arbeta med strategier mot ökad medbestämmande? Eller är det bara mina förutfattade meningar om vad som borde vara?

Ändå tycker de ofta att det de gör idag tillsammans – det är det de alltid gjort. För så fungerar deras vardagsverklighet av här och nu!

Och jag då? Jag ville vara *deras* redskap för *deras* förändring på *deras* vardagslivsvillkor – så jag är ointressant egentligen i denna maktgörande process. En vis man sade en gång till mig angående arbetet med ALOBIS: *Om detta redskap, detta arbetssätt är ett riktigt arbetssätt – då möter du hinder!* Detta har tröstat mig då jag stött på hinder och allt känts svårt och misslyckat!

Några avslutande tankar ...

Då vår tid tillsammans i de olika grupperna avslutats och vi kan se hur ALOBIS fungerat för gruppmedlemmar, för samhällsrepresentanter som mött grupperna och för mig själv som medforskare i dessa forskningscirklar, så kommer några av de reflektioner jag haft under vägen tillbaka. Hur jag själv tänkte då vi började dessa grupper, det vill säga hur det var "före forskningscirkeln ALOBIS". Och vilka funderingar beskrevs eller förmedlades på olika sätt av medlemmarna i grupperna under vår tid tillsammans?

Att pröva metoder för att nå empowerment

Jag började detta arbete med att tydliggöra att den uppläggning och det innehåll det haft måste speglas mot både social omsorgsvetenskap och pedagogik. Det som påbörjades som ett utvärderingsuppdrag för många år sedan skedde nämligen utifrån att jag var adjunkt (lärarutbildad) inom social omsorg. Det resultat som jag nu kan se av att ha prövat empowerment som en pedagogisk strategi inom social omsorg, är det samlade resultatet som redovisats i detta material. Det skulle förmodligen inte blivit som det blev, om inte jag hade haft min lärarutbildning och erfarenheter att bygga min forskningsprocess på. Eftersom valet av strategi blev deltagarorienterad forskningsmetod som en praktisk

96

tillämpning av det teoretiska begreppet empowerment i relation till personer med intellektuella funktionshinder, så är detta också en grund för ett pedagogiskt arbete.

Hur började det?

Jag väljer här att diskutera några av de tankar som nu dyker upp efter dessa tre avslutade forskningscirklar.

Hur började det? Jo, som en delstudie i utvärderingsuppdraget som kallades kommunaliseringsprojektet i Värmland.

Syftet var att inbjuda personer med intellektuella funktionshinder till ökad delaktighet i denna utvärderings delstudie. Men sedan utvecklades delvis något annat också. Jag minns känslan av osäkerhet och min insikt om att jag hade inget särskilt att erbjuda dem som grupp. Skulle de finna det tråkigt att bara sitta och samtala med mig en gång i veckan?

Det enda jag erbjöd var ju tid tillsammans med mig som en resursperson i grupp tillsammans med några andra personer med liknande livserfarenheter. Därmed kanske också en anledning öppnade sig för att börja att prata med varandra om hur de upplevde att det var att leva och bo i samhället som en person med intellektuellt funktionshinder. I och med att man hade en "språkgemenskap" blev det en "jag"-utvecklande process för några av dessa gruppmedlemmar, som jag har velat åskådliggöra.

En av deltagarna sade vid ett informationsmöte om vårt arbete till intresseorganisationernas representanter: "Vi har lärt oss att prata med politiker och så ... och det kunde vi inte förut!" De har lärt sig att kunna påverka i sin vardag på ett mer påtagligt sätt, inte bara önska, utan också göra, handla tillsammans, mot gemensamma mål.

Det innebär inte alltid att det är tacksamt att arbeta mot dessa deras egna mål och inte alltid att de själva kan se vad som är mål och medel med deras arbete. Och det är väl en del av detta med svårigheter att se det abstrakta och endast kunna mäta det konkreta. Men det kan vara mindre betydelsefullt, det viktiga är att *något positivt utifrån deras uttryckta vilja händer* runt dem och var det börjar eller varför det börjar att hända, det kanske inte är så viktigt att veta efteråt?

Strategierna för att nå fram

Den flerdimensionella bakgrunden inför val av arbetssätt har upplevts mycket viktig. Betydelsefullheten av detta arbete har växlat hos oss alla som deltagit och det har funnits stunder då deltagarorienterad forskningscirkel upplevts som rena dumheten och som ett stort misslyckande. Vid andra tillfällen som det roligaste och mest spännande arbete som någon kan vara delaktig i.

Jag var bara en främling på besök i deras vardagsverkligheter. Jag fick möta dessa fantastiska människor och lära mig av dem lika väl som de förhoppningsvis lärde från mig.

Redskapet ALOBIS?

Redskapet ALOBIS, det vill säga gruppen och vårt arbetssätt som helhet inklusive mig själv, var planerat att fungera som ett förändringsredskap. Kommunikationen med varandra inom gruppen har över tid förändrats men även med omgivningen, representerad i form av inbjudna gäster, vid studiebesök och i form av de brev vi tillsammans skrivit. Det har fungerat som ett pedagogiskt redskap för gruppens medlemmar, för samhällsrepresentanter som mött gruppen och som ett läromedel även för gruppens medlemmar.

Detta sammantaget kan ses som en grund för antagandet att även i dessa sammanhang tillsammans med personer med intellektuella funktionshinder är deltagarorienterad forskningsmetod en bra metod. Skälen till att använda denna metod var först och främst att göra människor delaktiga. Och att få dem att känna sig betydelsefulla nog att våga vara delaktiga, det vill säga ge dem möjligheter att genom varandra skapa en ökad självkänsla, självtillit. Medlet för att nå dit har varit att pröva hur deltagarorienterad forskningscirkel kunde bidra till att en förändring blir möjlig för deltagarna. Denna modell har jag tagit mig friheten att utveckla till grupper med personer med intellektuella funktionshinder.

Tankarna här har varit att via medvetenhet om sig själv som en resurs och sin *kunskap* nå en medvetenhet om hur det sociala tar hänsyn till det speciella med att vara funktionshindrad. Utifrån kunskapen har frågor uppkommit, och därmed *känslor* av ibland stolthet, men också av att bli orättvisor behandlad, att bli kränkt, växt. Känslorna i sin tur ger en förutsättning för att *vilja* förändra sina livsvillkor, särskilt då man som i ALOBIS-grupper har styrka i att vara just tillsammans. Och så har vi gått vidare till att *handla*, att göra något.

Men för oss är det viktigt!

Hur går vi vidare? Vid ett informationsmöte om ALOBIS och vårt arbete inför bland annat politiker framfördes idéer om att dessa forskningscirklar väl kunde drivas av gruppen tillsammans med till exempel en personal? Eller tillsammans med ABF eller liknande bildningsförbund. Det svar som en av ALOBIS-gruppens medlemmar gav var följande: "Jag tror inte det. Det är så att det vi pratar om tillsammans med Berith är sådant som jag inte tror att personalen eller andra tycker är så viktigt ... men för oss är det det!" Detta sagt av en av gruppmedlemmarna utan att vi faktiskt diskuterat denna fråga i gruppen. Det vi pratat om har varit att jag kanske snart måste sluta att träffa dem och hur tänker de då? Det de svarat är att de vill att vi skall fortsätta för vi har många fler frågor att diskutera.

Vår samarbetspartner i Berlin, Curth von Toerne, utbildad psykolog med särskild inriktning på arbete med personer med intellektuella funktionshinder och deras mentala hälsa, har velat bidra med sin berättelse omkring mötet med ALOBIS. Han har vänligen sänt en sammanfattning på engelska som jag här försöker översätta till svenska:

Samarbete med Alobis-projektet 2004-2010

I. Vi sökte i Värmland för att finna nya idéer och inspiration

I ett historiskt sammanhang hade Tyskland och Sverige liknande tillvägagångssätt när det gäller att ta hand om personer med inlärningssvårigheter. Denna omsorg skedde främst i form av stora institutioner som isolerar människor från samhället. I Tyskland på 1930- och 40-talet gjordes till och med försök att utrota personer med inlärningssvårigheter och psykiatriska frågor helt och hållet. På 1970-talet beslutade Sverige att ompröva sina stödsystem och avskaffade institutionaliseringen av sina medborgare med inlärningssvårigheter. Tyskland försökte å andra sidan reformera befintliga institutioner och kämpar fortfarande i dag med sådana försök.

År 2004 begav sig tyska medarbetare från en klassisk stor institution i Berlin till Värmland med förändringsanda och hopp om att hitta inspiration, nya idéer och allierade för att påskynda reformprocessen på hemmaplan. I denna sök- och nätverksprocess upptäckte de tyska arbetarna Berith Cech och hennes projekt med Alobis-gruppen. Detta var en grupp med personer med inlärningssvårigheter som möttes vid universitetet i Karlstad och som arbetade tillsammans med Berith i Alobis-gruppen. Berith Cech hade startat en grupp för att uppmuntra dialogen mellan samhället och medborgare med inlärningssvårigheter. Hon började diskutera idéer om empowerment och om hur kan man utveckla personer med intellektuella funktionshinder och deras självkänsla för att stödja gruppmedlemmarna i att hitta sina egna ståndpunkter. Hur kan man stärka personen så att han/hon kan utforska och företräda sina egna intressen? Hon uppmuntrade gruppmedlemmarna att framför allt ställa frågor och inte låta sig skrämmas av andra.

I en produktiv dialog drog Berith Cech och de tyska anställda snabbt slutsatsen att det skulle vara en värdefull och produktiv erfarenhet att föra samman Alobis-gruppen med en grupp boende från institutionen i Berlin. Alla inblandade kunde sedan träffa varandra direkt, dela sina tankar och jämföra sina olika sätt att leva. Denna process påbörjades i Sverige under sensommaren 2005.

II. Projektplanering och genomförande

Vi upplevde att den gemensamma projektplaneringen var lärorik för oss alla. Berith Cech organiserade boende för den tyska gruppen i den tidigare skolbyggnaden i en liten by nära Karlstad. Hon bjöd också in gruppen tillsammans med Alobis-gruppen för att besöka Karlstads universitetet. Vi gjorde dessutom ett studiebesök på ett dagcenter för personer med inlärningssvårigheter i Karlstad. På både universitetet och dagcentret kunde alla deltagare informera sig om det svenska utbildnings-systemet, det självständiga vardagslivet och hur yrkeslivet för funktionshindrade fungerade. De fick möjlighet att ställa frågor och få möta lärare som arbetade med utbildning av social omsorgspersonal, funktionsnedsättning och kommunala tjänstemän med ansvar för verksamheter, för hälso- och sjukvårdsinsatser och för socialtjänsten för sina medborgare med särskilda hjälpbehov.

De tyska deltagarna var mycket imponerade av det normala livet i Sverige för personer med särskilda stödbehov. De uppskattade också den vänliga och avslappnade sociala kontakten mellan Alobis-gruppmedlemmarna och tjänstemän vid Karlstads kommun och på Karlstads universitet. Denna sociala atmosfär var en ny upplevelse för den tyska gruppen.

Efter hektiska dagar med att få ny information, besöka Alobis-gruppens personliga lägenheter och att gå runt och handla i Karlstad, så träffades båda grupperna på skolhuset för fritidsaktiviteter, diskussioner och grillning. I denna avslappnade atmosfär började gruppdeltagarna också utbyta fler åsikter och idéer om sina respektive livsförhållanden. De tyska gästerna uttryckte snart en önskan om att få bjuda in Alobis-gruppen till Berlin.

Berith Cech, hennes tyska kollegor, deltagarna och föräldrarna till Alobis-gruppmedlemmarna började strax därefter ett planeringsmaraton för att organisera Alobis besök i Berlin. Alla gemensamma insatser kröntes med framgång och Alobis-gruppen besökte Berlin och den tyska gruppens bostadsområde 2006. Besöket i Berlin var för de flesta av de svenska deltagarna en ganska ögonöppnande upplevelse. Alobis-gruppen såg en stor institution ritad av svenska arkitekter, som byggdes 1975 med privata investeringar i en västtysk investeringskoncern. Strax efter att den nya institutionen i Berlin var klar beslutade den svenska regeringen att stänga institutioner av detta slag i Sverige.

Under besöket i Berlin kunde Alobis-gruppen delta i de dagliga institutionella aktiviteterna med bland annat organiserade gruppmåltider och yrkesverksamhet direkt vid institutionen. Institutionen hade 15 grupper med sju till åtta deltagare i varje grupp. Grupperna hade handledning 24 timmar om dygnet. Några av de boende arbetade i skyddade verkstäder utanför institutionen och andra hade yrkes- och fritidsaktiviteter direkt i boendet. Alobis-gruppmedlemmar upplevde i mötet med Berlin-institutionen, vad en svensk mamma, som följde med sin dotter under utflykten, uttryckte som ett möte med ett ögonblick av svensk social historia. Hon förklarade för sin dotter att ingen i Sverige i dag skulle behöva leva som invånarna i Berlin-gruppen med sina styrda måltider, kontinuerlig personalövervakning och sovrum med två eller flera invånare i varje rum.

Andra medlemmar i Alobis-gruppen ansåg att institutionen hade fördelen att man hade olika organiserade fritidsaktiviteter, som kunde minska risker för social isolering och ensamhet. För dem verkade många av de boende vara nöjda med sin livssituation. I den fortsatta diskussionen insåg dock vissa i Alobis-gruppen att de tyska gästerna hade möjlighet att jämföra olika levnadsformer. Den tyska gruppen som hade besökt Alobis i Karlstad hade ju redan sett hur de bodde och levde och kunde därmed jämföra levnadsförhållandena. År 2010 besökte Alobis-gruppen Berlin igen och deltog i ett sommarfirande med temat "Sverige". Gruppen hade också möjlighet att göra sightseeing och få information om Berlinmuren och de många förändringarna i staden efter det att muren föll 1989. Dessutom besökte Alobis-gruppen ett centrum i den sociala brännpunkten i stadsdelen Berlin-Neukölln, för att lära sig om urban kulturell mångfald. Under detta besök i Berlin utvecklade Alobis- gruppmedlemmar en bättre känsla för makrokosmiska aspekter och influenser av livet i mikrokosmos i form av en stor institution. Berlin blev mer begripligt som en komplex stadsmiljö och som en allvarlig utmaning för människor som försämras av institutionella restriktioner och försummade sociala färdigheter.

III. 2007 års Tre-nationsmöte

År 2007 inledde Berith Cech ett gemensamt möte i svenska Alobis-gruppen med en grupp från Hamar i Norge och gruppen från Berlin, Tyskland. Sammankomsten i skolhuset utanför Karlstad organiserades med hjälp av alla deltagares talanger och resurser och visade sig vara ett givande möte för alla inblandade. Efter inledande hälsningar anordnades en kubb-turnering med nästan olympisk entusiasm, då de svenska, norska och tyska lagen tävlade med varandra – jublande under alla olika turer i spelet, med betoning på att ha roligt. Efter turneringen fick en grill-lunch alla att känna sig som vinnare och alla deltagare engagerade sig i ett öppet samtal om många personliga och professionella ämnen och frågor. Sammankomsten gav också personal från de olika länderna möjlighet att utbyta erfarenheter och åsikter. Personalen var också upptagen med att organisera de många översättningskanalerna mellan engelska, svenska, norska och tyska.

IV. Projektens effekter på tyska deltagare

De flesta tyska deltagare i projektet med Alobis-gruppen hade aldrig varit i ett främmande land förut och var tvungna att ta itu med mötet med olika språk, mat, seder och socialt beteende för första gången. Detta var en stor utmaning för alla medlemmar i den tyska gruppen. Det svenska folkets öppna och vänliga inställning till personer med inlärningssvårigheter och i synnerhet Alobis-gruppens bemötande hjälpte de tyska deltagarna att anpassa sig till den nya miljön och gradvis känna sig bekväma i den.

Den direkta personliga erfarenheten av möten med deltagarna i Sverige gav de tyska deltagarna insikter om andra levnadsformer som de inte kände till, även om de visste att sådana alternativa levnadsformer finns i Tyskland. De flesta hade inte en känsla av att dessa alternativ var tillgängliga för dem. De tyska deltagarna började förstå och se hur olika livet kan se ut jämfört mellan Sverige och Tyskland. Några blev medvetna om möjligheter till andra sätt att leva, så som de fick lära sig av Alobis-deltagarna, då de visade sina lägenheter till exempel. Då kunde de tänka att detta kunde bli verklighet även för dem.

Efter projekten lämnade några deltagare institutionen för att samarbeta med hjälpboende i andra bostadsområden i Berlin. En deltagare bestämde sig för att lämna institutionen och bo med släktingar i en annan stad. Flera deltagare lämnade verksamheten på institutionen och tog jobb på daglig verksamhet utanför. Ytterligare andra deltagare bestämde sig för att byta arbete till annan daglig verksamhet. En deltagare med allvarliga psykiatriska problem kunde stabilisera sig och undvika att överföras till en anläggning med fler restriktioner. De flesta av de tyska deltagarna sade de hade positiva erfarenheter av att besöka Alobis-gruppen i Sverige. De fann direkta konkreta bevis för att livet på andra håll kan ha fördelar. Den sociala interaktionen med Alobis-gruppen och möjligheten att uppfatta och känna gruppens sätt att leva hjälpte en del att hitta modet att förändra sitt eget sätt att leva.

Curth von Toerne,15.05.2020

Tack Curth för dina vänliga ord om vårt projekt! Vi hade många intressanta och lärorika samtal som jag alltid ska bära med mig!

AVSLUTANDE REFLEKTIONER

Alla kan vi lära av varandra om vi får möjlighet. Det som Curth lyfter här är, att det var inte så länge sedan människor även i Sverige inte var sedda som fullgoda samhällsmedborgare. Men idag skall de ses som självbestämmande och integrerade individer i vårt samhälle. Författaren manar till eftertanke om, vilka motiven till dessa förändringar varit och är.

Forskningscirklar tillsammans med personer med utvecklingsstörning har uppfattats vara en framkomlig väg att nå effekter av bättre självkänsla, samhällsinflytande och bättre social kompetens för att fungera i grupp. Dessa effekter var delvis förväntade utifrån tidigare studier. Det enda sättet att bli synliggjord uppfattades vara att överrösta alla andra. Annars fick man försvinna i tystnad och förbli osedd.

Delaktighet i de beslut som gäller vars och ens vardagsliv är en rättighet enligt LSS, men kan vara svåra att uppnå eller mäta. Några av de beskrivningar som medforskarna delat med sig av i detta arbete visar på erfarenheter av både – och. Delaktighet i utvärderings-uppdraget angående kommunalisering av särskole- och omsorgsverksamheter i Värmland var det som jag kunde erbjuda dem i min position som projektansvarig. Fortfarande kan jag uppleva att vad som är förändringen i sig är svårt att förstå och ta till sig för några av gruppmedlemmarna. Men det gäller även andra personer som deltagit i detta förändringsarbete, såväl de som ingår som representanter för intresseorganisationer, politiker som tjänstemän. Och en reform är alltid svår att tolka i sina konsekvenser. Det sker många andra förändringar i samhällssystemet runt personer med intellektuella funktionshinder. Och vad är vad i relation till ekonomi, politisk viljeyttring eller samhällsideologi vad gäller ansvaret för *de svaga?*

Boken, *När de skulle bli som vi*, av Ingalill och Per Stefansson med flera, handlar kanske också om att lära om; att omskola och att socialisera genom integrering? Det handlar kanske om att finna nya roller i relation till samhälle och till varandra? Om man är en person med intellektuellt funktionshinder innebär detta dessutom en begåvningsmässig begränsning, för att förstå det som de andra har svårt att förstå, trots att de är "normalbegåvade". En av kvinnorna i en av dessa ALOBIS-grupper sade ofta i början av våra möten: *"Det svåra är ... att först måste vi förstå att vi inte förstår. Men sen måste vi förstå ... också, att ni andra inte förstår att vi inte förstår!"*

Det säger mycket om begränsningar och problemen bakom våra mellanmänskliga möten och vägen till delaktighet. Man blir människa i samvaro med och tillsammans med andra människor och genom att bry oss om varandra, genom att göra oss delaktiga av varandras berättelser och liv:

> *I delaktigheten uppstår vår tillvaro. Genom att göra oss delaktiga av varandras liv skapar vi oss själva. Utan delaktighet finns vi inte till.*

Torgny Lindgren, Bat Seba. Ur Skau (1993)

EFTERORD

av Patrik Bångerius

När ALOBIS hörde av sig till mig och undrade om jag ville skriva ett efterord så blev jag väldigt glad och hedrad – ni kom ihåg mig! Jag kommer ju aldrig att glömma mitt första möte med er den 24 mars 2011 (och inte de följande mötena heller). Hur började det då? Jo, Berith kontaktade mig eftersom jag jobbar som innovationsrådgivare på Karlstads universitet. Hon berättade om ALOBIS och att deltagarna ville ha svar på frågan om hur man förverkligar en idé. Skulle jag vilja ha en workshop kring detta med ALOBIS? Jag sa ja direkt, kanske inte helt genomtänkt men ALOBIS, med det jag hade hört från Berith, är något väldigt viktigt för att kunna förverkliga idéer.

Jag har en del erfarenhet av människor som inte är som alla andra – vem är egentligen det? Många av dessa är mycket bra på något de gör – antingen för att de själva upplever sig så eller för att andra tycker det. En klok person sa en gång, att samlar man likadana människor i ett rum och ger dem en uppgift så händer sällan något intressant men samlar man väldigt olika personer i ett rum och ger dem samma uppgift så kommer det hända intressanta saker.

Jag förstod att personerna i ALOBIS är väldigt olika, alltså bra förutsättningar för att intressanta saker skulle hända. Det andra var att den idé de hade, ett IT-café, kom från deras egna upplevda behov. Alltså finns bra förutsättningar för att det inte bara skulle hända intressanta saker utan också något viktigt. (Mina innovationskompisar skulle säga att det handlar om Medici-effekten och om användardriven innovation).

Dessutom är ALOBIS något ganska ovanligt i Sverige, men mer vanligt i andra delar av världen, eftersom man arbetar enligt Participatory Research (ungefär Deltagarinvolverad forskning). Så det var tre saker som låg till grund för att ALOBIS och innovation hör ihop. När jag sedan började titta på de bilder och texter jag brukar använda så insåg jag att behövde tänka om – de var fulla av krångliga uttryck och abstrakta begrepp. Så när jag jobbat om dem var det dags för vårt första möte och workshop. Vi möttes i styrelserummet på Karlstads universitet. Efter en, från min sida, trevande inledning så frågade ALOBIS: Hur vet man att en idé är bra? Det är egentligen kärnfrågan kring allt som innovation handlar om – men sällan ställs den så rakt och klart!

När jag tog upp ett exempel om en man som hade 1100 patent när han dog, varav sex blev riktigt framgångsrika, hördes en röst: "Det var Thomas Alva Edison." Det var Laila som sa det. Vi hade en fantastisk eftermiddag tillsammans! Och Per berättade om sitt intresse för musik och jag trodde han menade att lyssna på musik men sedan visade han mig konserten på Stockholms Centralstation där han spelade i orkestern och komponerat delar av musiken! Sedan fick jag följa med på resan till Söderhamn och möta ännu fler människor med olika begränsningar men massor med talanger. Och den raka, öppna värme som personer som Sara och Karin bjuder på är så värdefull.

Det finns en fjärde sak som är mycket viktig för att en idé ska förverkligas och det är uthållighet. Att ALOBIS under mer än 25 år har träffats visar på en fantastisk uthållighet både från deltagarna men inte minst från Berith. Det är många idéer och förhoppningar som, till stor besvikelse för ALOBIS, inte blivit verkliga MEN några har blivit det (precis som för Thomas Alva Edison). När jag läste manuset till denna bok så såg jag att ALOBIS verkligen har modet att våga och orken att pröva många idéer för att några ska bli verkliga.

Jag är övertygad att vi alla skulle må bättre och få ett bättre liv om vi fick vara med i något som ALOBIS. Därför är denna bok viktig – att fler ska förstå vad viktigt ALOBIS är och att det är betydelsefullt för alla människor som vill leva och bo i (vårt gemensamma) samhälle.

Ett varmt tack till er alla i ALOBIS för att jag fick vara med en del av er resa. Ser fram emot att träffa er igen till hösten!

Örlingen Bäckelina den 21 juli 2020

Patrik Bångerius,
innovationsrådgivare